Liebespaare
des Mittelalters

Volker Mertens

Liebespaare des Mittelalters

Jan Thorbecke Verlag

Inhalt

Frontispiz: Das Gothaer Liebespaar, Meister des Amsterdamer Kabinetts (tätig 1465–1490), um 1480/85.
Stiftung Schloss Friedenstein Gotha, Inv.-Nr. SG 703.

Vorwort

„... und anders war Herr Salomo, der Weise, nicht verliebt."
So heißt es in einem Gedicht von Eduard Mörike. Wenn
wir Liebesgeschichten aus fernen Zeiten und von anderen
Gesellschaften lesen, berührt uns die Ähnlichkeit mit dem,
was wir aus der modernen Literatur, vielleicht auch aus
eigenem Erleben kennen. Aber nicht weniger präsent ist die
Andersheit – nicht nur des gesellschaftlichen Umfelds, wie
der mittelalterlichen Ständegesellschaft, sondern auch der
fremdartigen Liebeskonzepte, wie die Liebe vom Hörensagen
oder die Vorstellung der Troubadours, nur die unerfüllte
Liebe sei die große Liebe. Die moderne Erfahrung mag man
eher – frei nach Oscar Wilde – so pointieren, dass es zwei
Möglichkeiten gäbe, in der Liebe unglücklich zu werden:
Entweder man bekomme das geliebte Wesen nicht oder
man bekomme es; aber im Allgemeinen sehen wir heute
die Probleme in der Liebe anderswo.

Mittelalter ist überall, heißt es – das gilt auch für die Liebesgeschichten. Wir sind Erben der großen Erzählungen: So
ist die von Tristan und Isolde immer wieder neu gestaltet
worden, aber auch weniger bekannte wirken wie Vor- oder
Nachklänge von Bekanntem. Neben solchem finden wir
jedoch auch Befremdliches, das Auserzählen von dunklen
Möglichkeiten, von denen wir nichts oder wenig wissen
wollen wie bei Leila und Madschnun oder Camillus und
Emilia. Bei den literarischen Vorlagen habe ich versucht,

Der Liebesgott schießt Pfeile auf das Liebespaar; aus: Le Roman de la Poire, *Paris, um 1260–1270.*
Bibliothèque nationale, Paris; MS fr. 2186, fol. 1v.

ihre Eigenart in der Nacherzählung zu bewahren. Im Buch der Liebe gibt es „wenig Blätter Freuden, ganze Hefte Leiden", wie Goethe gesagt hat. Es bietet viel zu lesen: Hier sind einige alte – und für viele gewiss neue – Blätter daraus.

Die „Gebrauchsanweisung" bietet der Epilog des Tristanromans von Thomas von Britannien:

Hier endet Thomas seine Schrift

für alle Liebenden ein Gruß,

Versonnenen und schwer Verliebten,

Begehrenden und Eifersüchtigen,

auf rechtem Wege und auf falschem,

ja, allen denen, die sie hören.

Den Liebenden soll sie gefallen

und finden sollen sie darin,

das, was sie sich zu Herzen nehmen.

Sie können großen Trost entdecken

gegen das widrige Geschick,

gegen die Schmerzen, gegen Tränen,

gegen die Täuschungen der Liebe.

Gegenüber: L'arbre d'amours (Minnebaum) aus einer französischen Minnelehre aus dem 13. Jahrhundert. Er unterscheidet drei Stufen: Erste Stufe (von unten): der kniefällig Bittende stösst auf die Abwehr der Dame. Diese gilt es durch fortwährenden Minnedienst zu überwinden. Zweite Stufe: Es kommt zur Annäherung im Gespräch. Dritte Stufe: Hier sitzt das Paar vertraut beieinander und berührt sich. Zuoberst steht der Liebesgott mit Pfeil und Bogen. Bibliothèque Saint-Geneviève, Paris; Ms. 2200, fol. 198v.

Tristan und Isolde

Liebe und Tod

„O weh, Tristan und Isolde, das ist Euer beider Tod!", ruft die Vertraute, Brangäne, als sie erkennen muss, welches Zaubermittel die beiden getrunken haben. Das ehebrecherische Paar, der Liebestrank – das ist ein abendländischer Mythos. Himmel und Hölle in der Liebe sind nirgendwo näher beieinander als in dieser mittelalterlichen Erzählung. Wir kennen sie nahezu nur noch aus Richard Wagners Oper, die die schlimmeren Wendungen der Geschichte ausspart: Um 1150 in Frankreich entstanden, bietet sie einen Reflex der neuen Lebenskultur der Höfe mit den Troubadours, die von Minnedienst und unerfüllter Liebe, aber auch von ihren Freuden singen.

Tristan trägt schon in seinem Namen (von französisch *triste, traurig*) seine Bestimmung. Er wuchs ohne Eltern auf. Sein Oheim König Marke behandelte ihn wie seinen eigenen Sohn, der junge Ritter dankte es ihm mit seinem Sieg über den Landesfeind Morolt, der Zinsforderungen des irischen Königs eintrieb. Doch in dem Kampf trug er eine Giftwunde davon, deren Gestank sein Verbleiben am Hof unmöglich machte. Er fuhr inkognito nach Irland zur arzneikundigen Schwester Morolts, der Königin Isolde. Sie heilte Tristan, der sich als Kaufmann Tantris ausgab und ihre Tochter, die blonde Isolde, in höfischen Fertigkeiten und Künsten unterrichtete, in denen er selbst ein Meister war. Sie war eine höchst gelehrige Schülerin. Die Erzählung weiß nichts davon, dass sie sich ineinander verliebten; Liebe zwischen Lehrer und Schülerin war ein allzu gängiges Klischee, das Schicksal hat Schwereres mit ihnen vor. Tantris/Tristan verließ Irland und kehrte zu König Marke zurück. Die Barone am Hof neideten Tristan seine bevorzugte Stellung und redeten dem Herrscher zu, eine Frau zu nehmen, um einen eigenen Sohn und Erben zu zeugen. Marke sah ein Schwalben-

*Zweikampf zwischen Tristan und Morolt; aus: Gottfried von Straßburg
(† um 1215),* Tristan, *um 1210.*
*Bayerische Staatsbibliothek, München; Cgm 51, Werkstatt des Meisters
Hesse, Straßburg, um 1240, fol. 46r.*

paar, das ein goldenes Frauenhaar verlor und schwor: die oder keine. Tristan wusste, wem das Haar gehörte: der blonden Isolde. Er hatte sie gleich nach seiner Rückkehr als die herrlichste Frau gerühmt, in der „die Schönheit aller Frauen erblüht"; er will sie für den Oheim erwerben.

Spürte Tristan das Verhängnis, das ihm aus einer Liebesverbindung mit der irischen Königstochter drohen könnte; wollte er es dadurch verhindern, dass er sie unerreichbar machte als Frau seines Oheims? Isolde hat Züge einer andersweltlichen Frau: einer Fee. Um zu ihr zu gelangen, muss man sich einem Schwellenritual unterziehen, eine gefährliche Seereise machen. Auch der Kampf gegen Morolt war eine solche Probe, und indem Tristan ihn gekämpft hat, war er der Fee schon ausgeliefert: durch die Giftwunde, die nur sie (hier ist es die gleichnamige Mutter) heilen konnte. Ein weiteres Ritual wartete auf ihn: Als er in Irland ankam, erfuhr er von einem furchterregenden Drachen, der das Land verwüstete; dem Bezwinger wollte der König seine Tochter geben. Tristan besiegte das Ungeheuer und fiel in Ohnmacht, weil er ihm die Zunge herausgeschnitten und in sein Gewand gesteckt hatte; die giftigen Dämpfe hatten ihn betäubt. Die beiden Isolden, Mutter und Tochter, fanden ihn – Tantris, wie sie glaubten – und wollten ihn pflegen. Als er im Bad saß, betrachtete die blonde Isolde Tristans Schwert und entdeckte eine eigenartig geformte Scharte. Sie erinnerte sich an den Splitter, der im Haupt ihres Onkels Morolt gesteckt und den sie aufgehoben hatte – er passte genau in die Scharte. Sie erkannte: Tantris war Tristan, der Mörder ihres Verwandten. Isolde ergriff das Schwert, eilte zu dem jungen Mann und wollte ihn erschlagen. Mit Mühe wurde sie daran gehindert: Denn nur Tristan, der Drachentöter, kann sie vor der Ehe mit dem verhassten Truchsessen bewahren, dieser beanspruchte nämlich den Sieg über das Untier und damit ihre Hand. Beim großen Hoftag, auf dem der Betrüger den Lohn einforderte, erschien Tristan, zeigte die Drachenzunge als Beweis und erhielt Isolde – für seinen Herrn, für König Marke. Das war eine standesgemäße Verbindung, also stimmten alle zu. Bevor man zur Seereise aufbrach, wirkte Mutter Isolde einen Zauber, denn sie wollte ihre Tochter in Liebe mit ihrem Ehemann verbunden sehen und braute deshalb einen Trank, diesen sollte sie mit ihm teilen. Auf der Fahrt aber wurde Isolde versehentlich der Liebestrank eingeschenkt, von dem sie Tristan die Hälfte reichte. Zufall und Versehen? Nein. Tristan ist der Erwählte, er hat die Freierprobe bestanden, den Drachen besiegt, und der Trank setzt nur das mythische Schema des Brautgewinns wieder in sein Recht. Dass die beiden, die ihr Leben lang in Liebe aneinander gebunden sein werden, auch von ihrer Schönheit, Bildung und höfischen Vollkommenheit „füreinander bestimmt" sind, ist eine späte Zutat der höfischen Erzählung von Thomas von Britannien und Gottfried von Straßburg, die den schon damals modernen Vorstellungen von personaler Liebe huldigten. Eigentlich bindet der Trank ja zwei Menschen, die sich auf keinen Fall lieben sollten und dürften: die Frau des Oheims und den Neffen, der seinem König und Verwandten besondere Loyalität schuldet. Aber – und das zeigt der Roman ganz deutlich – die Liebe setzt sich gegen alle rechtlichen, moralischen und menschlichen Hindernisse durch, sie ist die stärkste Macht auf Erden. Dass das so ist, wird gerade an dem so höchst problematischen Fall gezeigt.

Bereits auf der Seereise wuchs das Begehren, zuerst verhüllt, dann immer deutlicher erklärten die beiden einander Gefühle, und sie kamen zueinander: Die Ärztin Liebe nahm Tristan und Isolde, die beiden Kranken, und gab ihn ihr und sie ihm als Medizin, so kommentiert Gottfried von Straßburg. Doch es droht schon das erste Unheil: Isolde ist nicht mehr Jungfrau, wie

König Marke es zu Recht erwartet. Man ersinnt ein Täuschungs-manöver: Das Beilager soll in einem abgedunkelten Raum statt-finden, die treue Brangäne wird Isolde vertreten und, wenn Marke eingeschlafen ist, den Platz im Bett räumen. So geschah ein schändlicher, aber notwendiger Betrug, heißt es. Er hat eine noch schändlichere Konsequenz: Isolde will Brangäne als Mit-wisserin ermorden lassen, aber die gedungenen Schergen las-sen sich rühren; als Isolde von Gewissensbissen gepeinigt wird, enthüllen sie ihr, dass sie das Opfer am Leben gelassen haben, und die Frauen versöhnen sich.

Diese Episode zeigt, in welchem Maße die unbedingte leiden-schaftliche Liebe den Menschen herausfordert: Isolde vergisst die Gebote der Menschlichkeit, kennt nur noch den einen Wert. Die Liebe ist nicht Antrieb zum Guten, sondern zum Bösen; die Liebenden werden ins Zwielicht gerückt. Sie versuchen, ihre Leidenschaft am Hofe Markes zu leben, täuschen und betrügen mit Erfolg. Für das heutige Empfinden berührt es seltsam, dass Isoldes eheliche Pflichten nie zum Thema werden: Offensicht-lich schläft sie mit Marke und Tristan, aber nicht die Tatsache zählt, sondern die innere Einstellung – Marke gegenüber leistet sie den ihm geschuldeten Ehevollzug, Tristan schenkt sie die liebende Hingabe.

Marke spürte deutlich, dass zwischen seiner Frau und seinem Neffen etwas war, da er es jedoch nie beweisen konnte, ver-mochte er nicht, gegen sie vorzugehen. Doch er wollte Gewiss-heit: Isolde musste sich einem Gottesurteil unterziehen, das glühende Eisen tragen. Die Liebenden wussten sich zu helfen. Tristan verkleidete sich als Pilger, und als Isolde mit dem Schiff am Platz des öffentlichen Rituals anlangte, trug er sie ans Ufer, strauchelte und kam auf ihr zu liegen. Isolde konnte nun schwö-ren, nie in eines anderen Mannes Armen gelegen zu haben als in denen ihres Mannes – und des fremden Pilgers, wie alle gesehen haben. Gott schützt die Liebenden, sein Maßstab ist nicht der einer irdischen Gerechtigkeit. Seine Gnade legitimiert nicht den Ehebruch, sondern zeugt von Erbarmen mit der menschlichen Fehlbarkeit. Doch auch nach der falschen Rechtfertigung blieb die Lage prekär, Marke konnte der Unschuld der beiden keinen Glauben schenken und hielt es nicht länger aus, sie so aufeinander bezogen zu sehen; er verbannte sie vom Hof. Beide gingen in die Wildnis.

Im alten französischen Tristanroman wurde es eine entbehrungsreiche Zeit im Walde, bei Gottfried fanden sie Zuflucht in einer Grotte, wo sie ein paradiesisches Leben führten; sie gaben sich nicht rückhaltlos ihrer Leidenschaft hin, sondern taten alles das, was ihnen in der Heimlichkeit verwehrt gewesen war: Sie musizierten, widmeten sich der Dichtung, lustwandelten in der idealen Landschaft. Doch auch dieses Glück war nicht von Dauer, denn beiden fehlte die Gesellschaft, die soziale Anerkennung ihrer Person und ihrer Liebe: „Sie hätten für ein anderes Leben nicht eine Bohne gegeben – nur eine für ihre Ehre".

Sie blieben höfische Menschen, daher verließen sie die Minnegrotte. Der Preis blieb hoch: Marke nahm Isolde wieder auf, beide setzten ihr ehebrecherisches Leben fort – und wurden entdeckt.

Tristan musste fliehen: Er nahm Abschied, beide tauschten Treueversprechen: „Tristan und Isolde, wir beide werden immer ein Wesen, ungeschieden sein."

Jetzt war die Zeit der Liebesbewährung gekommen, denn er lernte eine zweite Isolde, die mit den weißen Händen, kennen, die sich in ihn verliebte. Ihr Bruder, sein Waffengefährte im Exil, drängte zur Heirat, und Tristan überlegte, was er tun solle: Seine Geliebte erfahre wenigstens körperliche Befriedigung mit ihrem Mann, und so könne er auch eine Frau nehmen. Die Liebe zwischen Tristan und Isolde hat aus der erotischen

Gegenwart gelebt, in der Trennung drohte sie zu versiegen. Tristan heiratete die zweite Isolde, konnte die Ehe jedoch nicht vollziehen, da seine innere Bindung an die Geliebte stärker war, als er selbst wahrhaben wollte. Mehrmals kehrte er zurück, um sie zu treffen, aber es kam zu Missverständnissen und Störungen. Beide waren den Anforderungen der großen Liebe nicht gewachsen, kleine Empfindungen wie Ehre und Stolz gewannen die Herrschaft. Da wurde Tristan tödlich verwundet, und nur Isolde vermochte ihn zu heilen. Botschaft wurde geschickt, wenn sie komme, solle das Schiff ein weißes Segel tragen, komme sie nicht, so solle es schwarz sein. Tristan sehnte sich auf seinem Krankenlager nach der Ärztin und Geliebten; als das Schiff mit ihr endlich erschien, fragte er seine Frau nach der Farbe des Segels: „Es ist schwarz", sagte sie aus Eifersucht – Tristan starb in Verzweiflung. Isolde, die Königin, kam, wies die trauernde zweite Isolde von der Bahre. Sie legte sich neben die Leiche und starb ihrem Geliebten nach.

Ihr Liebestod vereint sie wieder, ein Symbol macht das deutlich: König Marke hatte von dem Liebestrank erfahren und ließ die beiden rechts und links von einer Kapelle begraben, auf Isoldes Grab pflanzte er eine Weinrebe, auf das Tristans eine Rose. Beide wuchsen über dem Kirchendach zusammen und verschlangen sich untrennbar ineinander – so stark wirkte der Trank noch nach dem Tod.

Das Pflanzenwunder verklärt die unglückliche und unvollkommene Liebe. Sie scheitert vordergründig an den Umständen, daran, dass in der Gesellschaft kein Platz für sie war, letztlich aber an der Begrenztheit des menschlichen Liebesvermögens: Nicht nur, dass Liebe sinnliche Nähe braucht, sondern auch weil Opportunismus und Eigenliebe stärker sind – bei ihm mehr als bei ihr. Zwar gab sie ihre Stellung als Königin lange nicht auf, um Tristan zu folgen, als es jedoch um sein Leben ging,

ließ sie Marke und sein Reich hinter sich und eilte zu dem Geliebten. Sie, nicht er, starb den Liebestod um der letzten Vereinigung im Tode willen. So wird sie zur Liebesmärtyrerin, die mit der Hingabe des Lebens Zeugnis für die Macht der Liebe ablegt. Trotz aller Unvollkommenheiten siegt sie, wie es das Wunder von Rose und Weinrebe sinnfällig macht.

Diese Liebe hat einen hohen Preis: Sie zerstört nicht nur das Leben der Liebenden, sondern sowohl das Glück Markes als auch das der zweiten Isolde. Beide sind unschuldig an dem Verhängnis: Marke wurde betrogen und im Unklaren gelassen; als er vom Trank erfuhr, zeigte er Großmut im Arrangement des Begräbnisses. Die zweite Isolde wird von Tristan unter falschen Voraussetzungen geehelicht. Man kann die Tristangeschichte also auch anders lesen: nicht als Verherrlichung der großen Liebe, sondern als Verblendung; diese Liebe macht unfähig zum Leben. Die zweite Isolde liebt Tristan als Ehefrau, mit ihr könnte er glücklich sein, aber er kann ihre Liebe nicht erwidern, weil er zu seinem und ihrem Verderben schicksalhaft an die Königin gebunden bleibt. Die Liebe in der Tristangeschichte ist keine Himmelsmacht, sondern eine dämonische, zerstörerische Kraft.

Gottfried von Straßburg, ‚Tristan', um 1210/15

Gegenüber: Marke ertappt seine Frau Isolde mit Tristan im Bett (oben); Marke kehrt mit Zeugen zurück, Tristan aber hat in der Zwischenzeit das Bett verlassen (Mitte); Tristan in der Fremde bei seinem zukünftigen Schwager Kaedin auf der Burg Karke. Beide im Kampf gegen Feinde Kaedins (unten); aus: Gottfried von Straßburg († um 1215), Tristan, um 1210.
Bayerische Staatsbibliothek, München; Cgm 51, Werkstatt des Meisters Hesse, Straßburg, um 1240, fol. 90v.

Wis und Ramin

Ehebruchsliebe im
alten Persien

„Wis aber, im Palast der Königin, weinte den ganzen Tag. Wenn sie Mobad von ferne sah, wandte sie das Gesicht zur Wand. Er vermochte nicht, bei ihr glücklich zu werden."

Die Ehen unter den Mächtigen sind in den feudalen Gesellschaften politische Heiraten, die sich so gut wie nie nach den persönlichen Wünschen der Ehepartner richten. Wahre Liebe, so heißt es daher in den ‚Drei Büchern über die Liebe' des Kaplans Andreas aus dem späten 12. Jahrhundert, sei zwischen Ehegatten unmöglich, sie könne nur zwischen frei gewählten Partnern walten. Folglich sind Ehebruchsgeschichten im Mittelalter kaum weniger häufig als in der Literatur des 19. Jahrhunderts. Die berühmteste, die von Tristan und Isolde, hat ihr Gegenstück in der persischen Erzählung von Wis und Ramin. Allerdings vermeidet sie den eigentlichen Ehebruch, indem sie die Ehe zwischen Wis und ihrem Mann unvollzogen belässt – durch eine List der Braut. Ähnlich wie in der Tristangeschichte gibt es eine zweite Frau: Auch Ramin heiratet, kann aber von seiner ersten Liebe ebenfalls nicht loskommen.

Im alten Persien herrschte der König Mobad. Er war der mächtigste Mann der Welt und feierte ein großes Fest. Da sah er die schöne Schahru, und sie berührte sein Herz, doch sie war bereits die Gemahlin eines Fürsten. So ließ Mobad sie schwören, ihm ihre Tochter zur Frau zu geben, wenn ihr eine geschenkt würde. Sie gebar Wis, den schimmernden Mond, vergaß aber ihren Schwur, als die Vierzehnjährige im Heiratsalter war, und vermählte sie mit ihrem Vetter Wiru. Doch der Verbindung war kein Glück beschieden. Noch am Hochzeitstag, bevor das Paar das Brautbett besteigen konnte, kam Zard, der Bruder Mobads, und forderte Wis für diesen gemäß der eidlichen Verabredung. Schahru wollte dieser folgen, aber Wis widersetzte sich, denn sie wollte nicht die Frau eines alten Mannes werden. Da überzog Mobad das Land Schahrus mit Krieg, tötete viele Männer, aber Wis weigerte sich weiterhin. Da bot Mobad Schahru große Schätze und drohte ihr obendrein mit göttlicher Strafe für den gebrochenen Eid, so dass sie nachgab. Mobad führte Wis mit sich in seine Stadt Marw in Chorasan. Aber seine Hochzeit sollte noch bitterer sein als die Wirus, denn Wis brachte ihre Amme dazu, einen Talisman anzufertigen, der bewirkte, dass Mobad seine Manneskraft verlor und Wis Jungfrau blieb. „Thron und Schmuck sind mir wie Staub", sagte sie.

Mobad hatte einen jungen Bruder: Ramin. Er war schön und gebildet, ein Reiter und Jäger, ein Zauberer und Musiker. Alle liebten ihn. Als er eines Tages Wis in ihrer Sänfte erblickte, rührte ihr Antlitz ihn an wie ein Zauberbild, und er verliebte sich heftig in sie. Er schickte Botschaften an sie durch die Amme, aber die junge Königin weigerte sich, eine so verwerfliche Tat wie Ehebruch zu begehen. Mit ewiger Schande, sagte sie, würde sie gezeichnet sein. Die Amme stellte ihr vor Augen, dass ohne Geliebten die Welt öde für sie sein werde und Gott ihr Ramin bestimmt habe. Wenn sie ihn nicht erhöre, werde er sich töten. Wis begann, Ramin in ihrer Seele aufzunehmen, war aber noch voller Zweifel, ob sie die üble Tat begehen sollte.

Als Mobad sich auf Reisen begab und Ramin in Marw zurückblieb, führte ihn die Amme zu Wis. Beide schworen einander ewige Treue. Wer sie breche, solle vergehen wie die eintägige Rose. Dann legten sie sich zueinander und genossen ihre Liebe. Nach zwei Monaten, in denen sie Tag und Nacht glücklich beisammen waren, kam Mobad zurück und ihre Freude hatte ein Ende; Wis sah Ramin selten und nur, wenn Mobad dabei war. Doch eines Nachts erfuhr dieser von dem Verhältnis: Die Amme flüsterte Wis eine Botschaft von Ramin zu, Mobad vernahm sie und war außer sich vor Zorn. Er klagte Wis des Ehebruchs an.

Sie aber bekannte sich freimütig zu Ramin. „Erwürge mich oder lasse mir die Augen ausbrennen, mache mit mir, was du willst. Ich kann nur sagen: Ich liebe Ramin. Er ist mein alles und ich gebe Leib und Seele für ihn. Ich will in alle Ewigkeit nicht von ihm getrennt sein." Mobad wies seine Frau aus dem Palast: „Gehe auf welcher Straße du willst! Möge sie voller Schlangen sein!" Wis zog zu ihrer Mutter zurück. Sie dachte Tag und Nacht nur an Ramin, bis er eines Morgens mit der aufgehenden Sonne eintraf. Sie blieben sieben Monate beisammen. Als Mobad hörte, dass Ramin wieder bei Wis war, riet ihm seine Mutter, er solle von ihr lassen und sich eine andere Frau wählen. Er aber wollte sie zurück. Die Eifersucht quälte ihn, ob Wis bei ihrer Mutter mit Ramin geschlafen habe, sie aber wich ihm aus: „Nicht alle Liebenden sündigen oder verdienen den Tod."
Da verlangte er die Feuerprobe von ihr. Nackt solle sie vor allen Leuten durch die Flammen gehen. Sie sah nur eine Möglichkeit, dem Tod zu entkommen: die Flucht mit Ramin.
Anders als in der Geschichte von Tristan und Isolde gibt es keinen Liebestrank; die Liebe entsteht, wie in der antiken Theorie, durch den Anblick. Anders auch, dass Wis dank der List nicht nur Jungfrau bleibt, sondern auch später anscheinend keine sexuelle Gemeinschaft mit Mobad hat. Dieser ist ihr mindestens so sehr verfallen wie Marke seiner Gemahlin Isolde. Immer wieder versucht er, die Ehe mit Wis wiederherzustellen. Was daran Liebesverfallenheit, was Konkurrenzdenken und Überlegenheitsbedürfnis ist, bleibt offen.
Mobad suchte mit Qual im Herzen nach Wis und zog allein, wie ein Wahnsinniger, durch die Länder. Nach sechs Monaten war er am Ende seiner Kräfte und kehrte nach Marw zurück. Seine Mutter überredete ihn, Wis und Ramin eine Botschaft zu schicken: Er verzeihe ihnen und fordere sie auf zurückzukehren. Das taten sie. Mobad, Wis und Ramin waren glücklich beieinan-

23

*Heimliche Begegnung; aus: Große Heidelberger Liederhandschrift
(Codex Manesse), Zürich, um 1300–um 1340.
Universitätsbibliothek Heidelberg; Cod. Pal. germ. 84, fol. 71v.*

der, die Liebenden trafen sich nur im Geheimen. Doch als der König auf einen Kriegszug gehen wollte, bestimmte er seinen Bruder Zard, Wis und die Amme auf einer Bergfeste einzuschließen, damit Ramin nicht zu ihr kommen könnte. Dieser fand bald heraus, wo sie war, und kam zur Festung. Wis knotete vierzig kostbare Tücher aneinander und Ramin kletterte an ihnen zu ihrem Fenster. Nun waren beide vereint, neun Monate lang blieben sie glücklich. Als Mobad von seinem Feldzug zurückkam, erfuhr er, was geschehen war. Er wurde gelb vor Zorn und wollte Ramins Tod. Er eilte zur Feste, fand das Siegel an der Tür noch unversehrt, glaubte aber nicht an die Unschuld von Wis. Er klopfte an die Tür, Ramin blieb kein anderer Weg, als aus dem Fenster zu springen. Als Mobad das Zimmer betrat, lagen noch die geknoteten Tücher da. Er wusste nun, wie es geschehen war, und hatte nur einen Wunsch: sich an Wis zu rächen. Erbarmungslos ließ er sie peitschen, bis ihre Haut aufgebrochen war wie die eines Granatapfels.

Doch Mobad konnte nicht von ihr lassen und holte sie und Ramin zurück, ließ aber alle Fenster und Eingänge vergittern, die Türen schloss er selber ab. Doch als Ramin in den Garten kam, stieg Wis auf das Dach und ließ sich an ihrem Schleier herab. Wieder wurden sie von Mobad gesucht und entdeckt. Ramin gelang rechtzeitig die Flucht, und Mobad beschwor Wis, ihm die Wahrheit zu sagen. Sie berief sich auf einen Engel, der sie in den Garten geleitet habe, wo sich alle ihre Wünsche erfüllten. Mobad glaubte ihr und behielt sie als seine Königin bei sich.

Ein weiser Mann stellte Ramin vor Augen, dass er sich durch seine Liebe zu Wis um seine Ehre und um die Gunst Gottes gebracht habe. Er solle sich eine andere Frau nehmen. Ramin war es müde, Wis Tag und Nacht zu folgen, und er ging zu seinem Bruder Mobad und bat ihn, fortziehen zu dürfen. Als er von Wis Abschied nahm, strömten Tränen von Blut über ihr Antlitz, und sie bat ihn, ihre Liebe nicht wegzuwerfen. Er schwor ihr ewige Treue und ging.

Eines Tages begegnete Ramin auf der Jagd ein Mädchen von großer Schönheit. Sie hieß Gul. Was Wis befürchtet hatte, traf ein: Ramin verliebte sich in Gul und vergaß Wis' Herz. Gul wusste von Ramins Schicksal, dass er ohne Wis nicht leben könne, und ließ ihn daher schwören, solange die Erde stehe, niemanden zu lieben als sie und Wis niemals beim Namen zu nennen. Treulos vergaß er den Eid, den er Wis geleistet hatte. Er schrieb ihr einen Brief, um ihr das Ende der Liebe mitzuteilen: „Zähle nicht mehr die Tage bis zu meiner Rückkehr. Warte nicht, denn es wird sehr lange dauern."

Als Wis den Brief erhielt, zerriss ihr Herz. Sie schrieb ihm wieder und wieder und stellte ihm ihre verzeihende Liebe und Treue, ihr Leiden und Hoffen vor Augen. Ihre Lage quälte ihn, und die Liebe zu ihr ergriff ihn aufs Neue. Er kam nach Marw, aber Wis war wie eine verletzte Löwin und schickte ihn fort. Er wartete die ganze Nacht in Eis und Schnee, doch Wis blieb unerbittlich. Kaum war er gegangen, bereute sie jedoch ihre Härte und schickte die Amme, Ramin zu holen. Diesmal wies er, gekränkt durch die bösen Worte von Wis, sie von sich. Die Anschuldigungen gingen hin und her, aber schließlich fanden die liebenden Herzen den richtigen Weg. Sie nahmen sich bei der Hand und gingen in die Kammer. Ihr Lager war erfüllt von Rosen.

Nach einigen Monaten kehrte Ramin offen an den Hof zurück, und Mobad war glücklich über sein Kommen. Ramin traf Wis an geheimem Ort. Eines Tages ging Mobad auf die Jagd. Er verfolgte einen Eber, schleuderte seinen Speer nach ihm und verfehlte das Tier. Es stürzte sich auf den König und riss ihm den Leib auf. So starb Mobad. Seine Getreuen beklagten ihn und sprachen sich für Ramin als neuen Herrscher aus. Er gelobte, gerecht und gottesfürchtig zu sein und die Armen zu schützen. Er war ein guter König und regierte lange Jahre. Wis saß neben ihm auf dem Thron. Zwei Söhne gebar sie ihm. Als sie viele Jahre glücklich miteinander gelebt hatten, wurde Wis alt und kraftlos. Als sie gestorben war, ließ Ramin ihr ein herrliches Grabmal bauen und einen Feuertempel. Er zog sich dorthin zurück und keiner sah ihn mehr bis zur Stunde seines Todes.

Die Geschichte von Wis und Ramin erzählt man bis heute, und die Briefe, in denen sie ihre Liebe so herzbewegend beschwören, sind immer noch ein Vorbild für Liebende. Wie die Ähnlichkeit dieser persischen Erzählung mit dem Tristanroman zu deuten ist, bleibt umstritten. In einer Kultur, in der Adelsehen nach politischen Vorgaben geschlossen werden, bilden sich ähnliche Erzählmuster von der leidenschaftlichen Liebe, die die Gesetze sprengt, heraus. Doch scheint es auch denkbar, dass die Geschichte von Wis und Ramin auf mündlichem Wege nach Europa gewandert ist und die von Tristan und Isolde mit-geformt hat.

Fakhr-al Din Gurgani, ,Wis und Ramin' (1050/55)

Lancelot und Ginevra

Wenn Vorbildlichkeit
(fast) alles erlaubt

„An dieser Stelle lasen sie nicht weiter", heißt es in der ‚Göttlichen Komödie'. Paolo Malatesta und Francesca da Rimini nehmen sich bei ihrer Lektüre des Lancelot-Romans die ehebrecherische Liebe des Helden und der Frau des Königs Artus zum Beispiel. Es fallen die Schranken der Konvention und beide tun es den literarischen Gestalten gleich.

Die Geschichte der Liebe zwischen Ginevra und dem ersten Ritter Lancelot gehört zu den bekanntesten des Mittelalters. Sie wird immer wieder zitiert, so auch von Dante Alighieri. Bei ihm tötet der heimkehrende Ehemann das Paar, das wegen des Ehebruchs in die Hölle verdammt wird. Lancelot und Ginevra sind für Dante ein zweifelhaftes Vorbild.

Im Unterschied zum Tristanroman ist ein Liebestrank unnötig. Die ehebrecherische Liebe zwischen der höchsten Frau und dem tapfersten Ritter legitimiert sich aus sich selbst. Sie wird in verschiedenen Mustern dargestellt: Liebe als Krankheit, als Verlust des Verstandes, als Abfall von Gott, als, und dieses ist das Wichtigste, als Vertrag zwischen Lehnsherrin und Ritter. Dass die Liebeserfüllung zu diesem Vertrag gehört, ist die kühne – und anstößige – These des Romans. Der Konflikt, in dem Lancelot steht, ist ungleich größer als der Tristans. Artus ist ein großer König, ein starker König und ein guter König. Ihn zu hintergehen, fällt weder Ginevra noch Lancelot leicht. Dazu kommt, dass ihre Liebe immer wieder gefährdet ist und sich neu bewähren muss.

Lancelot war von der Fee Ninienne aufgezogen worden. Ein vorzüglicher Lehrer bildete ihn in allen ritterlichen Fertigkeiten aus, und er wuchs zu einem jungen Mann von außergewöhnlicher Schönheit heran, den Frauen und Männer gern sahen. Mit 18 Jahren wünschte er sich, zum Ritter geschlagen zu werden. Daraufhin führte die Fee ihn der höchsten Instanz des Rittertums, König Artus selbst, zu. Dieser gewährte ihr sogleich die Bitte, Lancelot zum Ritter zu schlagen. Ninienne ermahnte ihren Ziehsohn, nach der Ritterweihe auf Abenteuersuche zu gehen und dadurch Ruhm und Ansehen zu gewinnen. Er werde alle Aventüren beenden bis auf eine. Alle Welt werde ihn schätzen und alle Frauen ihn lieben, sagte sie voraus. Schnell traf das ein: Als Königin Ginevra ihn erblickte, schaute sie ihn lange und eindringlich an und bewunderte seine Schönheit. Lancelot erkannte in ihr die Frau, der keine auf der Welt an äußerer Schönheit und innerer Vollkommenheit zu gleichen vermochte. Als sie ihn ansprach, erwachte er wie aus einem Traum, denn er dachte so stark an sie, dass er nicht ganz bei sich war. Verwirrt ging sie in ihre Kemenate. Nach dem Ritterschlag in Schloss Camelot nahm er seine ersten Aventüren auf sich. Bevor er aufbrach, verabschiedete er sich von der Königin. Er erbat sich, ihr Ritter sein zu dürfen, und sie gewährte es ihm: „Das wäre mir wirklich sehr lieb. Gott im Himmel möge Euch schützen." Er antwortete, der Höchste möge sie dafür belohnen, dass er ihr lieber Freund sein dürfe. Daraufhin reichte sie ihm ihre Hand.

Diese Geste ist so etwas wie ein Vertragsabschluss: Lancelot wird in Zukunft seine Rittertaten im Dienst der Königin begehen, sie wird seine Lehnsherrin und muss ihm dafür Schutz und Schirm gewähren. Das ist die Übertragung eines rechtlichen Verhältnisses auf die Liebesbeziehung, die dadurch einen formalen Charakter erhält.

Lancelot bestand eine Reihe von Abenteuern, die Königin erfuhr von seinen Siegen und war glücklich darüber, dass ihr Ritter so viel Erfolg hatte. Er gewann die Freundschaft von König Galahot, weil er so tapfer gegen ihn kämpfte, dass der Gegner die größte Hochachtung vor ihm empfand. Galahot kam zum Artushof und arrangierte dort eine heimliche Begegnung Lancelots mit Ginevra. Spät am Abend führte er Lancelot zur Königin, die sich im Park abseits von den anderen aufhielt. Der Ritter zitterte am ganzen Körper und konnte nur mit Mühe vor ihr knien. Sie nahm ihn bei der Hand und ließ ihn neben sich sitzen. Voller Freude erklärte sie, dass sie sehr nach ihm verlangt habe und über sein Kommen glücklich sei. Sie ließ sich von seinen Rittertaten berichten und fragte: „Für wen habt Ihr all dies vollbracht?" – „Für Euch, Königin", antwortete er. „Liebt Ihr mich so sehr?" – „Ja, seit dem Tag, an dem ich zum Ritter geschlagen wurde. Ihr sagtet: Seid Gott befohlen, mein schöner, lieber Freund! Dieses Wort hat mich vor meinen Feinden geschützt, es hat mich satt gemacht, wenn ich hungerte, und reich, wenn ich arm war." Sie rief Galahot herbei, und der versicherte ihr, Lancelot liebe sie mehr als die ganze Welt und habe mehr für sie getan als jeder andere Ritter. Sie solle ihm dafür ihre Liebe schenken und ihn zur Bestätigung dieser rechten Liebe küssen. Die Königin fasste Lancelot am Kinn und küsste ihn lange. „Lieber Freund", sagte sie, „Ihr habt meinetwillen so viel getan, dass ich Euer bin und Ihr mein. Habt acht auf meine Ehre, denn wenn die gemindert wird, wird unsere Liebe schlecht." Als er aufbrechen musste, gab sie ihm einen Ring: Er möge ihn tragen und wissen, dass er ihr Herz mit sich nehme.

Als König Artus einen Kriegszug nach Schottland plante, forderte Ginevra Lancelot auf, daran teilzunehmen, denn sie selbst wolle mitkommen. Lancelot bewies sich als der tapferste Kämpfer auf Seiten der Artusritter. Die Königin sah von der Spitze eines Turmes zu; als Lancelot sie erblickte, wäre er vor Schreck fast vom Pferd gefallen, so sehr bewegte ihn ihr Anblick. Artus hatte ein Stelldichein mit der schönen Zauberin Camille auf ihrer nahen Burg, so dass Ginevra Lancelot zu sich holen und mit ihm endlich die vollen Liebesfreuden genießen konnte.

In der Nacht stand die Königin auf und betrachtete Lancelots Schild. Auf ihm war eine gekrönte Frau dargestellt, vor der ein Ritter kniete, beide waren jedoch durch einen Spalt getrennt. Sie betastete den Schild und fand, dass der Riss wunderbarerweise geschlossen war; das bedeutete, dass sie treuer geliebt wurde als irgendeine Frau auf der Welt.

Derartige symbolische Szenen sind typisch für die mittelalterliche Literatur. Hier wird die Verbindung von Rittertum und Liebe gestaltet: Das Medium ist die Schutzwaffe des Ritters. Auf ihr sind Ginevra und Lancelot in den Rollen von Lehnsherrin und Ritter dargestellt. Erst die Liebeserfüllung macht dieses Verhältnis „heil".

Lancelot gelang es, Artus, den Camille gefangen gesetzt hatte, zu befreien. Als er zurückkehrte, fiel die Königin dem Sieger öffentlich um den Hals und küsste ihn, sie wollte nämlich erreichen, dass niemand Böses dachte, wenn er ihre Vertrautheit bemerkte. „Ritter", sagte sie, „ich schenke Euch von diesem Tage an meine Freundschaft und Liebe, weil Ihr meinem Herrn, dem König, geholfen habt."

Eine Gruppe von Verschwörern aus Ginevras Heimat überzeugte König Artus, in der Brautnacht sei ihm die falsche Frau untergeschoben und die echte genommen worden. Sie führten die angeblich wahre Ginevra (die in Wirklichkeit die falsche war) mit sich. Der König wollte diese als Ehefrau annehmen, wenn die Fürsten beschworen, dass sie in Wahrheit seine rechtmäßige Gemahlin sei. Die andere Ginevra sollte verbannt werden, aber

Gegenüber oben: Erster Kuss zwischen Lancelot und Ginevra;
Gegenüber unten: Lancelot und Ginevra auf einem Schild.
Aus dem französischen Roman du Merlin, *um 1315.*
British Library, London; Add. Ms. 10293, fol. 78 (oben) und
fol. 90v (unten).

33

la ueille de la penteou
ste q̄nt tout li compaig
non de la table roonde fu
rent uenu a camaelot ⁊ il orent

vorher sollte man ihr die Haut am Kopf abziehen, wo sie die Krone getragen, und an den Händen, wo sie mit dem heiligen Öle gesalbt worden war. Das war die größte Herausforderung für Lancelot; er musste seine Herrin retten. Also sprang er vor und forderte die Fürsten zum Kampf heraus. Er besiegte alle und rettete damit Ginevras Leben und ihre Ehre. Artus aber fühlte sich durch seinen Eid gebunden, die falsche Ginevra zu behalten, daher stimmte er zu, dass die echte in das Königreich Galahots zöge.

Die Unfähigkeit des Königs, die echte Ginevra zu erkennen und zu schützen, beraubt ihn des Rechts über sie. Lancelot hingegen gewinnt es durch seinen unbedingten Einsatz: Ginevra erklärte Artus, sie habe ihn mehr als jeden anderen geliebt, aber nun habe er ein falsches Urteil über sie sprechen lassen, und hätte nicht Lancelot sie davor bewahrt, so wäre sie tot.

„Deshalb will ich ihn immer mehr als alle anderen Männer lieben und ich werde es ihm beweisen."

Galahot führte sie in sein Land, und Lancelot folgte ihnen. Die Königin aber erklärte ihm, Gott strafe sie nun dafür, dass sie sich ihm aus ihrer großen Liebe hingegeben habe, und sie wolle nun von dieser Sünde lassen: „Ich bitte Euch um unserer Freundschaft willen, dass Ihr mich nur um solche Liebe bittet, die alle Leute wissen können. Ich will mich Euch nicht entziehen. Mein Herz und mein Leib sollen Euch immer gehören.

„Euer Herz kenne ich genau: Es will nichts anderes als ich will. Darum achtet meine Ehre."

Gegenüber: Lancelot an der Tafelrunde König Artus'; aus: Lancelot du Lac, et Roman du Saint Graal.
British Library, London; Ms. Royal 14, E III, fol. 89.

Lancelot und Ginevra im Bett. Aus dem französischen Roman du Merlin. *British Library, London; Add. Ms. 10293, um 1320, fol. 312v.*

Nach zwei Jahren gestand die falsche Ginevra den Betrug und starb. Die Königin musste erst überredet werden, zu Artus zurückzukehren. Lancelot nahm nun wieder seinen Platz in der Tafelrunde ein. Öffentlich erklärte die Königin, sie habe ihm ihre Liebe geschenkt, soweit sie eine Frau einem fremden Ritter mit Recht geben durfte, wenn er so viel für sie geleistet habe wie er. Ihre Rede ist doppeldeutig: Was sie getan hat, sieht sie als gerechtfertigten Lohn an, nicht als Treulosigkeit. Der König und die anderen aber müssen glauben, es habe keine ehebrecherische Liebe zwischen beiden gegeben.

Die Fee Morgane schickte Lancelot einen bösen Traum, die Königin schlafe mit einem fremden Ritter und verbiete ihm, sie jemals wiederzusehen. Obwohl er das Geträumte für Wirklichkeit hielt, sagte er sich nicht von Ginevra los. Als der Königssohn Meleagant die Königin entführte, wurde er von Lancelot verfolgt; weil er dabei sein Pferd verlor, lief er zu Fuß hinter dem Entführer her. Als ein Zwerg mit einem Schinderkarren vorbeikam, bestieg Lancelot das Gefährt, obwohl er, nach der Sitte der Zeit, dadurch seine Ehre verlor. Die Leute bewarfen ihn mit Dreck und beschimpften ihn als Verbrecher. All dies erduldete er für die Königin.

Diese Abenteuer zeigen, dass er der höchsten Liebe würdig ist. Auf dem Weg in das Land Meleagants überwand er unter Qualen die Schwertbrücke, über die man dorthin gelangte. Er nahm den Zweikampf mit dem Entführer auf. Ginevra schaute zu, als er sie bemerkte, sah er sie an und hörte auf zu kämpfen, so dass sein Gegner ihn verwunden konnte. Als man ihn anrief, wo sein Mut geblieben sei, kam er zu sich und brachte Meleagant so in Bedrängnis, dass er sich nicht mehr wehren konnte.

Wieder zeigen sich die zwei Gesichter der Liebe: Einmal nimmt sie den Menschen so gefangen, dass er für alles andere blind und taub ist, dann aber befähigt sie zu den höchsten Leistungen. **37**

Ginevra aber wusste Lancelot keinen Dank und weigerte sich, mit ihm zu sprechen. Sie grollte ihm, weil er gezögert hatte, den entehrenden Karren zu besteigen, vor allem aber glaubte sie ihn treulos, doch er konnte den Verdacht ausräumen. Daraufhin zeigte sie ihm ein vergittertes Fenster ihrer Kammer, durch das er des Nachts zur ihr herein konnte. Er brach das Gitter heraus, gelangte zu ihr, und sie genossen alle Freuden. Da er sich beim Aufbiegen des Eisens verletzt hatte, war das Bett der Königin blutig geworden, und sie wurde verdächtigt, mit Herrn Keie, der verwundet war und im gleichen Raum schlief, das Lager geteilt zu haben. Im anschließenden Gerichtskampf befreite Lancelot sie von der Anklage durch seinen Sieg.

Als Lancelot sich an einem Trank vergiftete, traf er auf eine junge Frau, die selber aus Liebe zu ihm krank geworden war, ihn aber heilen könnte, wenn er mit ihr schliefe. Die Königin, die er um Zustimmung bat, forderte ihn auf, den Willen der Jungfrau zu erfüllen. Doch Lancelot bekannte sich vor ihr zu seiner Liebe zu Ginevra, und Erstere verzichtete auf die Liebeserfüllung; sie wollte nur als seine Geliebte gelten dürfen und versprach ihm, um seinetwillen auf alle Männer zu verzichten. Das Liebesverhältnis zwischen Ginevra und Lancelot wurde dadurch nicht getrübt.

Als Ginevra eines Tages erfuhr, dass die Tochter des Gralkönigs ihn zweimal unter der Vorspiegelung, die Königin warte auf ihn, in ihr Bett gelockt hatte, verfluchte sie ihn, und Lancelot verlor deshalb den Verstand. Er wurde nach langer Zeit durch den Heiligen Gral geheilt. Deshalb schwor er seiner sündigen Liebe ab, wurde jedoch rückfällig, als Artus auf einem Jagdausflug war. Man ertappte ihn, er konnte entkommen, doch Ginevra wurde zum Tod auf dem Scheiterhaufen verurteilt. Lancelot befreite sie und tötete so viele Ritter, dass der Krieg mit Artus unvermeidlich war. Der Papst selber forderte Artus auf, Ginevra

wegen unbewiesener Schuld zurückzunehmen, und auch Lancelot riet ihr dazu, ihren Platz als Königin wieder zu beanspruchen.
Es war die letzte Begegnung der beiden.

Die folgenden Kämpfe führten zum Tod des Königs Artus.
Ginevra ließ sich als Nonne einkleiden. Sie bereute ihre Sünde
und starb versöhnt mit Gott. Lancelot erfuhr von ihrem Tod und
wandte sich ebenfalls Gott zu, er ließ sich zum Priester weihen.
Nach vier Jahren starb er; Engel führten seine Seele in den
Himmel.

Beide waren zu einem Ende in Buße und geistlichem Leben
gelangt; die große Liebe zwischen beiden hatte viele Leben
gekostet und letztlich das Artusreich zerstört.

Die Liebesgeschichte zwischen Lancelot und Ginevra erscheint
im großen Lancelot-Gral-Roman in doppelter Perspektive.

In weltlicher Hinsicht ist sie die Verwirklichung des höfischen
Ideals, dass der tapferste Ritter die schönste Frau verdient.
So kann ihre Liebe nicht Unrecht sein. In geistlicher Hinsicht ist
sie jedoch Ehebruch und eine schwere Sünde vor Gott. Dieser
Aspekt bestimmt die Erzählung mehr und mehr. Aus der Liebe
entsteht zunehmend Unheil und zuletzt der Untergang.

Anonym, ‚Lancelot. Roman en prose' (um 1230)

Camillus und Emilia

Liebe
unter schwarzem Himmel

Liebe kann sich einerseits im Augenblick entzünden, blitzartig, wie man sagt, durch den Anblick oder einen Liebestrank. Andererseits kann sie langsam wachsen, so dass zu geschwisterlicher Vertrautheit das Begehren tritt. Auch in diesem Fall kann Liebe eine unwiderstehliche Macht sein, die sich durch gesellschaftliche und moralische Verbote nicht eindämmen lässt. Und in beiden Fällen kann der Wunsch nach Dauer tragisch scheitern. Die Geschichte von Camillus und Emilia, in der Mitte des 15. Jahrhunderts aufgezeichnet, entwirft eine solche langsame, zerstörerische Liebe.

In Arezzo in Italien lebte ein angesehener Bürger, der spät im Leben noch eine Tochter zeugte: Emilia. Zur gleichen Zeit bekam ein armer Messerschmied einen Sohn, Camillus. Da er keine Mittel hatte, ihn gut zu erziehen, vertraute er ihn im Alter von drei Jahren dem Vater Emilias an, der ihn wie einen eigenen Sohn aufnahm. Er ließ beide Kinder in gleiche Farben kleiden, als wären sie Geschwister, und schickte sie gemeinsam in die Schule. Jeder, der sie sah, war entzückt, weil sie so schön und so ähnlich waren. Eine Seele, sagte man, regiere zwei Körper. Sie teilten miteinander die Schulstunden, die Speisen, das Spiel. Als sie mit zwölf Jahren die Rhetorik und die Dichtkunst erlernt hatten, ließ der Vater die Kinder in Saitenspiel und Gesang unterrichten, so dass sie nach zwei Jahren zu aller Ergriffenheit miteinander musizierten. Das gemeinsame Musizieren ist, ähnlich wie bei Tristan und Isolde, Symbol für die seelische und körperliche Harmonie zwischen beiden. Als Camillus 14 Jahre alt war, trennte der Vater ihn von Emilia, auf dass ihre Vertrautheit nicht zu eng würde und das Mädchen in Schande stürze. Obwohl beide heftig darunter litten, zeigten sie es nicht, jedoch nahm ihr Liebesverlangen stetig zu, wie es in der Jugend üblich ist.

Camillus schlug die geistliche Laufbahn ein. Nach drei Jahren entschied sich der Vater, Emilia zu verheiraten, denn man sah es als Pflicht der Eltern an, dem erwachenden Begehren der Töchter rechtzeitig Erfüllung in einer Ehe zu verschaffen. Er gab seine Tochter einem befreundeten reichen jungen Mann zur Ehe, der allerdings die Bildung Emilias nicht zu schätzen wusste und sich damit als ihrer Liebe unwürdig erwies. Sie wurde, wie es üblich war, nicht gefragt.

Auf dem Hochzeitsfest tanzten Camillus und Emilia einen letzten Reigen miteinander. Der ganze Saal bewunderte die Schönheit und Gewandtheit der beiden, und alle waren sich darin einig, dass das Schicksal zu tadeln sei, das die beiden nicht miteinander vereinigt hatte. Zum Abschied sangen beide ein Lied, und alle waren bewegt von dem Zusammenklang der lieblichen Stimmen. Der Schmerz der beiden, als sie sich trennen mussten, rührte die Herzen aller.

Camillus konnte vor Leid nicht schlafen, weil er der Gesellschaft Emilias für immer beraubt war, sie ihrerseits stellte sich vor, dass sie, obwohl sie in den Armen ihres Ehemanns lag, den Genuss der Liebe allein von Camillus empfinge. Dieser jedoch klagte heftig darüber, dass sie nun Liebesfreuden mit ihrem Gemahl genösse, während er in seinem kalten Bett weder Schlaf noch Ruhe finden konnte. In einem Brief stellte er ihr seine Einsamkeit vor Augen im Unterschied zu ihrem Eheleben, auch, dass die Begierde die Männer stärker verwunde als die Frauen. Daher werde er nicht lange ohne sie leben können und aus diesem Leben scheiden müssen.

Zwei Meinungen konkurrieren zu dieser Zeit: die vom schwachen Geschlecht, dass Frauen der Liebe mit ihren Versuchungen und Freuden weniger Widerstand entgegensetzen können als Männer, und die umgekehrte Vorstellung, dass das Begehren in Männern stärker sei, die Frauen hingegen weniger fleischliche Bedürfnisse hätten. Camillus bedient sich der letzteren Ansicht, um Emilia zu überzeugen, dass sie Mitleid mit ihm haben müsse.

Den Brief ließ er durch ihre Amme – die typische Vertraute Liebender – seiner Emilia zukommen, die ihn mit vielen Tränen benetzte und bald überlegte, wie ihr beiderseitiges Verlangen erfüllt werden könnte. Sie schrieb ihrerseits dem Geliebten, dass sie in den Armen ihres Mannes keine Lust empfinden könne, sondern umso mehr seine Liebe begehre. Da ihr Gemahl bald von Geschäfts wegen verreisen müsse, würden sie Gelegenheit finden, miteinander glücklich zu werden. Nach acht Tagen ergab es sich, dass Camillus und Emilia die Nacht miteinander verbringen konnten. Dreißig Nächte des höchsten sinnlichen Glücks waren ihnen vergönnt, bis das missgünstige Schicksal sie ereilte.

Ein junger Mann verliebte sich in Emilia und verbrachte viel Zeit vor ihrem Hause. Als er sah, wie Camillus des Nachts hinein ging, rief er, man solle den Dieb und Mörder halten. Die Leute des Stadthauptmanns nahmen Camillus fest. Als man ihn vor den Richter führte, ahnte dieser, dass Camillus nicht um zu stehlen, sondern der Liebe wegen in das Haus eingedrungen war. Doch der junge Mann schützte die Ehre seiner Geliebten und behauptete steif und fest, er sei ein Dieb. Da er als Kleriker der geistlichen Gewalt unterstand, wurde er dem Bischof über-stellt. Der zurückgekehrte Ehemann drängte darauf, Camillus peinlich zu verhören. Selbst unter der Folter blieb er dabei, er habe stehlen wollen. Schließlich entließ ihn das geistliche Gericht unter der Auflage, die Umgebung von Emilias Haus zu meiden. Doch das Verlangen war stärker. Als alle glaubten, Camillus müsse die Folgen der Folter noch auskurieren, ging er wieder jede Nacht zu Emilia. Wenn sie sich allerdings tags-über zufällig begegneten, so taten sie, als seien sie einander

Das VII. Cap.

Wie Camillus zu Emilia kam/in abwesen
ihres Gemahels.

Jetzt acht Tag seyn vergangen / daß
Venus die Lieb/ vnd jhr Sohn die be=
gierdt also wolten/ daß von ordnung
deß Rahts der Aretiner/ der new Ehe=

Das XIIII. Cap.

Wie Camillus bey jhr gefunden ward.

Etzund hatt nun die Sonne jren glantz
gesencket/ auff den allerletzten Grad/
da der Freundt einer/ deß Gemahels
Emilie/ jn in der Meſſz/ deß Gewerbs/

fremd, und nach einem Jahr redete niemand mehr über sie. Anscheinend ist dieser Ehebruch kein moralisches Problem. Die Tatsache, dass die beiden für einander geschaffen scheinen, legitimiert ihn. Der Ehemann Emilias wird obendrein durch die Grausamkeit, mit der er auf der Folterung des Camillus besteht, ins Unrecht gesetzt. Recht ist vielmehr die Erfüllung des unwiderstehlichen Liebesbegehrens. Auch Verstellungen und Listen scheinen gerechtfertigt – so wie in der nächsten Episode.

Emilias Gemahl brachte sie auf ein Schloss außerhalb von Arezzo. Sie tat so, als freue sie sich darüber, um keinen Argwohn zu erregen. Zwei Monate konnten sich die Liebenden nicht treffen, Camillus wusste nicht einmal, wo Emilia jetzt lebte. Bei einem Kirchenfest, als er die Orgel wunderbar spielte, trafen sie sich zufällig, und Emilia konnte ihm ihren Aufenthaltsort zuflüstern. Noch am gleichen Abend kam er in das Schloss, wo Emilia die Torwächter abgelenkt hatte, indem sie ihnen den besten Wein kredenzen ließ. Sie führte ihren Geliebten in ihr Schlafgemach, und beide verbrachten eine selige Nacht. Doch am nächsten Tag sagte einer seiner Freunde zu ihrem Ehemann, man habe Camillus mit seiner Frau reden sehen und, da er auch nicht mehr selbst die Orgel gespielt habe, sei er sicherlich bei Emilia. Sofort eilte jener in das Schloss, schlug heftig gegen die Tür und wollte hereingelassen werden. Nach

Gegenüber oben: Das VII. Kapitel: Wie Camillus zu Emilia kam/in ab-wesen[heit] ihres Gemahels.
Gegenüber unten: Das XIIII[XIV]. Kapitel: Wie Camillus bey ihr gefunden ward.
Aus: Buch der Liebe, Sigmund Feyerabend, Frankfurt 1587: Historien und Geschicht/Camillus und Emilie/von ihrer beyder herzlicher brünstiger Liebe/damit eines gegen das ander ist entzündet gewest/Und was sich in solcher Liebe zwischen ihnen begeben und zugetragen.
Universitätsbibliothek, Basel, Wack 688, Seiten 110 und 113.

dem ersten Schreck fand Camillus ein Versteck auf dem Dachboden über dem Abtritt und Emilia ließ ihren Mann herein, als habe er sie gerade aus tiefstem Schlaf geweckt. Sie machte ihm Vorwürfe, sie nachts alleingelassen zu haben, klagte ihn der Hartherzigkeit und Grobheit an, doch das machte den Gemahl nur noch misstrauischer. Als er Camillus nirgends fand, ging er auf den Abtritt, um sich zu erleichtern. Da blickte er zufällig in die Höhe und sah durch die Bohlen Camillus herunterspähen. Der Ehemann verhielt sich, als habe er nichts bemerkt, ging hinaus, schloss die Tür des Gemaches mit festen Schlössern und holte seine Leute, um Camillus seiner Strafe zuzuführen. Der fand sich gefangen. Beide beklagten ihr Schicksal, ihr Ende schien ihnen gewiss. Nun hatte der Raum ein Fenster, und Emilia drängte ihren Geliebten, hinauszuspringen, obwohl es dreißig Meter bis zum Boden war. Er verabschiedete sich von ihr, den sicheren Tod vor Augen, und sprang. Emilia hielt die Hände vor das Gesicht; als sie wieder hinzusehen wagte, erblickte sie ihren Freund, der aufrecht und gesund davonschritt. Der Ehemann kam mit seinen Leuten, und als er den Nebenbuhler nicht fand, ließ er seinen Zorn an Emilia aus und schlug sie so, dass er sie halb tot zurückließ. Er schickte nach ihren Eltern, denn er wollte nicht mit einer Ehebrecherin zusammenleben. Als diese kamen, fanden sie ihre Tochter nicht mehr vor. Sie hatte Leintücher zusammengeknotet, sich aus dem Fenster hinabgelassen und streifte durch die Wälder, wo sie sich von wilden Früchten ernährte.

Nach fünf Tagen hielt man sie für tot und gab die Hoffnung auf ihre Rückkehr auf. Doch am achten Tag fand sie eine Ziegenhirtin und führte sie in ihr armseliges Häuschen. Der Prior eines nahen Klosters erreichte, dass sie von ihren Eltern aufgenommen wurde. Emilia hatte in ihrer Not ihr Schicksal beklagt und sich nur in der Hoffnung, Camillus wiederzusehen, entschlossen weiterzuleben und sich nicht vom nächsten Felsen zu stürzen. Im Elternhaus schrieb sie Camillus einen Brief und schilderte ihm einen Traum: Venus hätte ihr den Geliebten zugeführt und gesagt: „Behalte ihn, den mein Sohn, der Liebesgott, dir von Ewigkeit bestimmt hat." Daraufhin hätte sie ihr einen Kranz mit dem Namen Camillus', ihm einen mit dem Emilias aufgesetzt. Sie träumt eine heidnische Hochzeit: Die antiken Gottheiten walten über der Liebe fern von christlichen Moralvorstellungen. Wer sich ihr widersetzt, erscheint, wie der Ehemann, als grausam, ja als widerwärtig. Daher weigerten sich Emilias Eltern, sie ihm herauszugeben und erlaubten sogar Camillus, Emilia zu besuchen.

Doch für die letzten Dinge bleibt die christliche Religion zuständig. Emilia erkrankte an der Pest und erkannte, dass ihr Leben zu Ende ging. Sie versöhnte sich durch Reue und Beichte mit Gott und bat Camillus in einem letzten Brief, er möge für ihr ewiges Heil beten, nunmehr ihre Seele lieben und nicht mehr ihren Körper, den er zu sehr geliebt habe.

Camillus hingegen fand keine Erlösung. Nachdem Emilia feierlich begraben und für den Ablass ihrer Sünden viele Messen gelesen worden waren, bestieg er sein schwarzes Pferd. Ganz in Schwarz gekleidet ritt er ruhelos durch die Welt – und durch das Königreich aller Liebenden, heißt es. Liebe unter schwarzem Himmel.

,Camillus und Emilia', in: Buch der Liebe, Frankfurt (1587)

Flore
und Blanscheflur

Liebe von Kind an

„Als sie fünf Jahre alt waren, wurden sie sich bewusst, dass sie dem Liebesgott ergeben waren", schreibt Konrad Fleck in seinem Versroman ‚Flore und Blanscheflur'.

Die Geschichte dieser Kinder zeigt die langsame Entstehung einer natürlichen Bindung. Die Liebe von Kindesbeinen an entspricht einem realen Modell: Die schon ganz früh miteinander verlobten Adelskinder wachsen mitunter gemeinsam auf, so wie es bei Elisabeth und Ludwig von Thüringen der Fall war. Auf diese Weise hoffte man, die politisch begründete Ehe auch menschlich-emotional zu füllen. Doch Flore und Blanscheflur müssen ihre Liebe gegen Widerstände durchsetzen, sie werden von den Eltern gewaltsam getrennt und finden sich erst nach langer, abenteuerlicher Suche wieder. Diese Handlung spiegelt die notwendige Ablösung vom Elternhaus, die eine entscheidende Voraussetzung für eine erfüllte Liebesbindung ist. Das Erzählmuster ist aus den spätantiken Liebesromanen übernommen.

Bei einem Kriegszug des heidnischen Königs von Spanien wurde ein französischer Graf erschlagen, seine Ehefrau gefangen genommen und an den Hof von Córdoba gebracht. Die Königin nahm sie auf und ließ sich Französisch beibringen. Beide Frauen waren schwanger, beide brachten am gleichen Tag ihr Kind zur Welt: die Fränkin eine Tochter, die Blanscheflur getauft wurde, der Sohn der Königin wurde Flore genannt. Die Kinder wuchsen gemeinsam auf. Schon beider Wiegen standen nebeneinander, und wenn eines das andere sah, freute es sich aus vollem Herzen.

Mit fünf Jahren sollte Flore Lesen und Schreiben lernen; er bat seinen Vater, Blanscheflur mit ihm unterrichten zu lassen. Ein Kleriker wurde ihr Lehrer, und beide lernten mit Eifer und

Freude. Wenn sie einander nicht sehen konnten, waren sie unglücklich, bis sie wieder zusammenkamen. Als sie im Unterricht Bücher über die Liebe lasen, wurden sie sich mehr und mehr bewusst, dass sie eben diese Gefühle empfanden. Ihre Körper waren jünger als ihr Geist, ihre Küsse noch die von Kindern, aber schon voll Ahnung des Liebesverlangens.

Als sie zehn Jahre alt waren, berichteten die Höflinge dem König von der Liebe zwischen seinem Sohn und dem Christenmädchen. Deshalb erzürnte er heftig, denn er fürchtete, dass Flore nun keine Braut aus seinem Stande mehr wählen würde. Er beschloss daher, Blanscheflur töten zu lassen. Doch die Königin sprach dagegen: Die Ermordung des Mädchens würde dem Königshaus ewige Schande bringen, er solle stattdessen die Kinder trennen, und Flore an einem entfernten Ort unterrichten lassen. Die beiden Kinder waren untröstlich, und der Vater versprach daher seinem Sohn, Blanscheflur später nachkommen zu lassen.

In der Trennungsszene verhielten sich die beiden nach den Mustern der gelesenen Liebesgeschichten. Blanscheflur klagte über die Bitterkeit der Liebe und die Unbeständigkeit des Glücks, dann wollte sie sich mit ihrem Griffel erstechen. Aber Flore hielt sie zurück. Er werde, falls der König sie nicht nachschicke, in zwei Wochen zurückkommen. Beide tauschten Liebesschwüre und Liebespfänder – ihre Griffel. Lateinische literarische Bildung wird hier als Selbstverständlichkeit für Adlige verstanden. In der Realität sah das zwar in Frankreich und England, nicht aber in Deutschland so aus. Vor allem für die adligen Männer standen die Fähigkeiten zu reiten und zu kämpfen im Zentrum der Ausbildung, die Mädchen lernten zwar Latein, aber meist nicht viel mehr als sie zum Lesen des Psalters brauchten. Wie gefährlich die Lektüre, vor allem der ‚Liebeskunst' Ovids, sein konnte, zeigt die Erzählung.

Am neuen Ort sollte Flore durch Ritterspiele erfreut werden, und man schickte gleichzeitig sechzig Jungfrauen mit ihm zur Schule, um seine Gedanken von Blanscheflur abzuwenden – jedoch ohne Erfolg. Er blieb liebeskrank, aß, trank und schlief nicht.

Als der König das erfuhr, beriet er sich mit der Königin, was zu tun sei. Sie schlug vor, Blanscheflur an Händler zu verkaufen. Und so geschah es. Man erzielte einen hohen Preis für das schöne Mädchen. Die Kaufleute präsentierten sie dem heidnischen Amiral von Babylon, und er erkannte sofort ihren hohen Adel. Das Zwanzigfache ihres Gewichts in Gold bezahlte er. Er ließ sie in einem Turm einschließen. Ein Jahr Zeit gab er ihr, ihren Geliebten zu vergessen, dann wollte er sie nach heidnischer Sitte heiraten.

In Córdoba gab man Blanscheflur für tot aus, um Flore von seiner Liebe zu heilen. Damit das glaubhaft sei, wurde ein aufwändiges Grabmal errichtet: Ein besonders geschickter Handwerker schuf zwei Statuen, die die Liebe zwischen den beiden Kindern verewigen sollten. Flore reicht Blanscheflur eine goldene Rose und spricht: „Küss mich, Geliebte", und die andere Figur antwortet: „Ich bin dein." Das wurde durch eine kunstreiche windgetriebene Mechanik bewirkt.

Derartige Automaten gab es am Hof der byzantinischen Kaiser. Das Grabmal, das in goldenen Lettern verkündete, hier liege Blanscheflur, die mit Flore in Liebe verbunden war, sollte diese Liebe als vergangene festhalten, Flore einen Ort der Trauer und der Überwindung seiner Gefühle geben.

Als er erfuhr, dass seine geliebte Blanscheflur gestorben sei, fiel er ohnmächtig zu Boden. Nach drei Stunden wiedererwacht, hatte er nur den einen Wunsch, sich zu töten, um mit ihr vereint zu sein. Mit dem Griffel, dem Liebespfand Blanscheflurs, wollte er sich erstechen, doch die Königin verhinderte das. Um sein

Also der amiral einen turn hette In sine sal ston
Do inne blantstheflur beslossen lag

Leben zu retten, gestand man ihm, was wirklich geschehen war. Die Königin ließ den Deckel des Sarkophags hochheben und zeigte ihm das leere Grab. Sofort wollte er sich aufmachen, um Blanscheflur zu suchen. Dem König gelang es nicht, ihn zur Ehe mit einer Frau von gleichem Rang zu überreden; Flore brach auf.

Er kam zu der Stadt, wo sie verkauft worden war, und stieg in dem Gasthaus ab, in dem die Händler mit ihr übernachtet hatten. Liebeskrank saß er am Tisch, und der Wirt erinnerte sich, vor einiger Zeit ein Mädchen gleichen Alters gesehen zu haben, die ganz ähnlich um ihren Geliebten trauerte. Dem Amiral würden sie sie anbieten, hätten die Händler gesagt. Flore wusste jetzt, dass Blanscheflur ihn nicht vergessen hatte – und wo er sie suchen musste.

Der Erzähler betont immer wieder, wie ähnlich beide einander sind und welche Macht die Liebe schon über Kinder hat. „Die Liebe besiegt alles" – dieser Satz aus der antiken Literatur ist hier in besonderer Weise wahr geworden. Liebe ist hier nicht als sexuelles Begehren konzipiert, wohl aber als Wunsch nach körperlicher Nähe und Zärtlichkeit.

Flore segelte nach Babylon, unterwegs wurde er zweimal auf seine Ähnlichkeit mit einem Mädchen angesprochen, das vor einem halben Jahr an den Amiral verkauft worden war. Er nahm Quartier in einer Stadt nahe dem Turm, in dem man Blanscheflur gefangen hielt. Wieder sprach man davon, dass er sich genauso verhalte wie Blanscheflur. Er bekannte, dass sie seine

Gegenüber, Bildüberschrift: „xviii Also der amiral einen turn hette In sime sal ston Do inne blanscheflur beslossen lag". Wie der Amiral in seinem Palast einen Turm hatte, in dem Blanscheflur eingeschlossen war. Konrad Fleck, Flore und Blanscheflur, um 1220. Universitätsbibliothek Heidelberg; Cod. Pal. germ. 362, Werkstatt Diebold Lauber, Hagenau, um 1442–1444, fol. 114r.

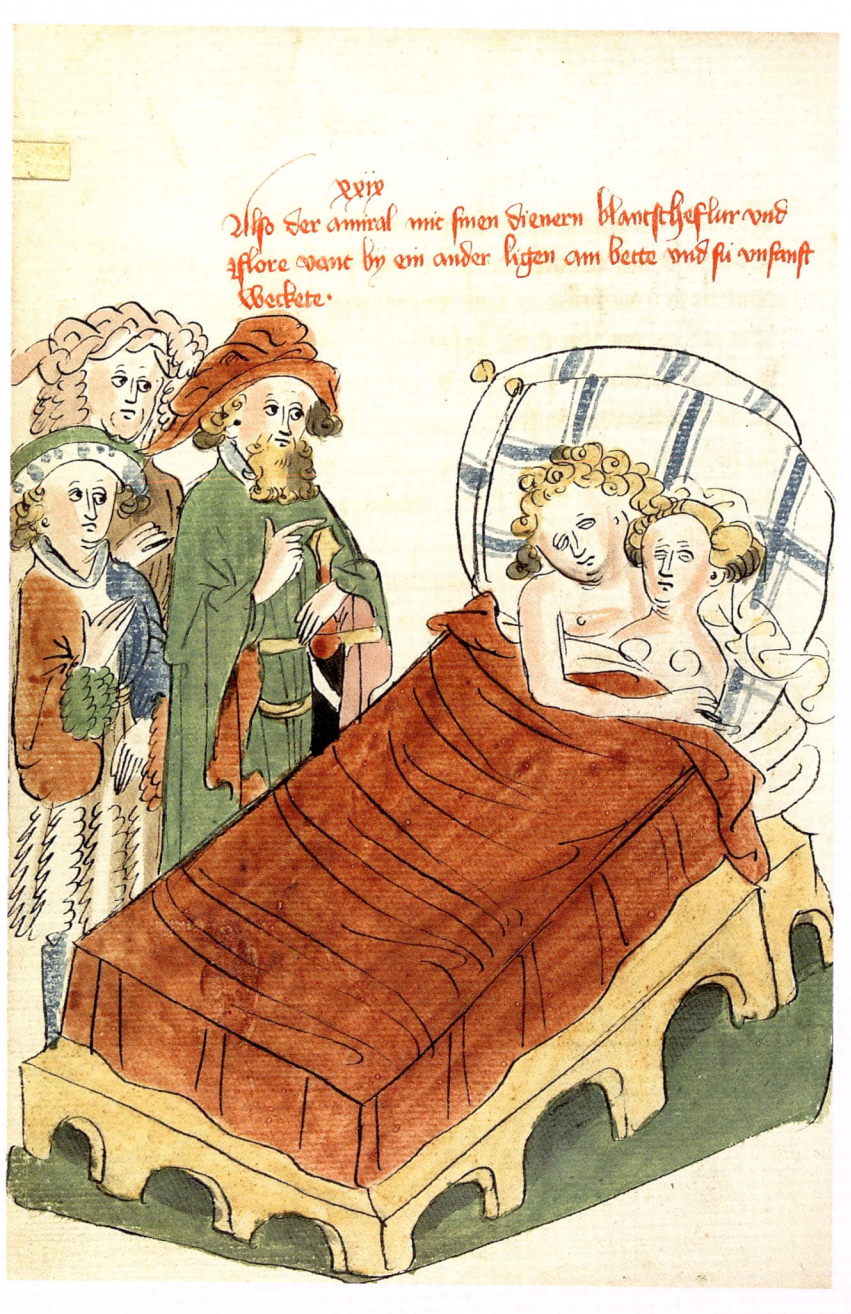

xxiv

Also der amiral mit finen dienern blanttheflur und
flore vant by ein ander ligen am bette und si unfanft
weckete.

verlorene Geliebte sei. Dann erfuhr er Genaueres über den prachtvoll eingerichteten Turm, in dem siebzig schöne Frauen lebten. Der Amiral nahm eine von ihnen als Bettgefährtin für ein Jahr. Solange trug sie die Krone, dann musste sie sterben, damit sich niemand nach ihm ihrer Liebe erfreuen durfte. Sterben musste auch die, die sich einem Liebhaber hingab; das zeigte ein Brunnen an, der sich blutrot färbte, wenn eine Schuldige an ihn herantrat. Blanscheflur war als die nächste Gefährtin ausgewählt, in drei Wochen sollte sie bei einem Fest diese Rolle einnehmen.

Flore gelang es, den Pförtner des Turms zu bestechen. Er heckte den Plan aus, den jungen Mann in einem Korb voller Rosen versteckt in das Zimmer Blancheflurs bringen zu lassen. Flore heißt ja Blume, hier kommt sein Name zu seinem Recht. Der Plan gelang, beide waren überglücklich. Sie erzählten einander ihre Erlebnisse und umarmten und küssten sich. Zwanzig Tage lebten sie in Blancheflurs Kammer, sie schwebten in höchsten Wonnen und vergaßen ganz die gefährliche Lage. Blanscheflur musste jeden Morgen zusammen mit ihrer Freundin Claris dem Amiral aufwarten, doch sie vermochte nicht, sich aus Flores Armen zu reißen. Einmal gelang es Claris, ihre Abwesenheit mit einer Ausrede zu bemänteln, beim zweiten Mal wurden Blanscheflur und Flore zusammen im Bett entdeckt. Der Bote hielt den Fünfzehnjährigen zuerst für ein Mädchen und meldete dies dem Amiral. Dieser war sehr erbost, dass

Gegenüber, Bildüberschrift: „xxix Also der amiral mit sinen dienern blantscheflur vnd flore vant by ein ander ligen am bette vnd sü vnsanft weckete". Wie der Amiral mit seinen Dienern Blanscheflur und Flore im Bett beieinander liegen fand und sie unsanft weckte.
Konrad Fleck, Flore und Blanscheflur, um 1220.
Universitätsbibliothek Heidelberg; Cod. Pal. germ. 362, Werkstatt Diebold Lauber, Hagenau, um 1442–1444, fol. 168v.

Als flore getrönnet wart, vnd enpfing das küning
rich so noch sines vatters tode.

die Erwählte das Lager zärtlich mit einer Frau teilte. Er ließ die Decke vom Bett herunterreißen und erkannte, dass sie mit einem Mann dort lag. Jetzt war das Schicksal der beiden besiegelt, sie mussten den Tod erwarten. Das Paar kam vor das Hofgericht – beide waren so schön, dass sie alle Herzen rührten, nur nicht das des Amirals. Er zog das Schwert, um das Todesurteil selbst zu vollstrecken. Da bot sich Blancheflur dem Streich und wollte als erste sterben, Flore riss sie zurück und verlangte als erster nach dem Tod, jeder zog den anderen fort und gab sich selbst zum Opfer. Das währte so lange, bis alle den Amiral um Gnade anflehten. Dieser erinnerte sich an seine Jugend und seine erste Liebe und sein Sinn wurde weich. Das Paar war gerettet. Nun wollten alle die Geschichte ihrer Liebe hören. Gerührt gab sie der Amiral zusammen. Flore wurde zum Ritter geschlagen und ein großes Fest gefeiert. Dann kehrten beide nach Spanien zurück. Dort erhielt Flore die Krone seines eben verstorbenen Vaters, und aus Liebe zu Blancheflur ließ er sich taufen. Gott segnete die treue Liebe: Beide wurden hundert Jahre alt und starben am gleichen Tag.
Ihre Geschichte sei Trost für alle Liebenden im Unglück und Ansporn zugleich, durch unwandelbare Treue das Leid zu besiegen.

Konrad Fleck, ‚Flore und Blancheflur' (um 1220)

Gegenüber, Bildüberschrift: „xx(x)v Also flore gecroennet wart vnd enpfing das kuning rich do noch sines vatters tode". Wie Flore gekrönt wurde und nach seines Vaters Tod das Königreich erhielt.
Konrad Fleck, Flore und Blancheflur, *um 1220.*
Universitätsbibliothek Heidelberg; Cod. Pal. germ. 362, Werkstatt Diebold Lauber, Hagenau, um 1442–1444, fol. 204v.

Leila
und Madschnun

Verrückt aus Liebe

„Die Liebe ist eingezogen und hat das Haus geschmückt, das Ich hat sein Bündel geschnürt und ist ausgezogen" – so erklärt Madschnun seinen Zustand.

Die Erfahrung, dass Liebe den Verstand nimmt, kluge Männer zu Toren macht und verständige Frauen gegen ihre Interessen handeln lässt, wird mit verschiedenen erzählerischen Konzepten gefasst: Ein Trank kann dafür verantwortlich sein wie bei Tristan und Isolde, der Partner kann ein Wesen aus einer anderen Welt sein, wie in den Feengeschichten oder bei Melusine und Reymund, die Liebesgöttin persönlich kann eingreifen, wie bei Eneas und Dido, oder aber die Liebe erscheint als Krankheit, als Wahnsinn. Das ist in keiner mittelalterlichen Geschichte radikaler ausgeprägt als in der persischen Erzählung von Leila und Madschnun. Auch Tristan erscheint in späteren Episoden bei seiner Rückkehr zu Isolde als Narr, doch das ist nur eine – allerdings sehr symbolträchtige – Verkleidung, um König Marke zu täuschen. Für Madschnun aber ist es sein tödliches Schicksal.

Liebe ist eine Geisteskrankheit, so glaubten es die alten Araber, und zum Beweis erzählten sie die Geschichte von Leila und Madschnun, der eigentlich Qeis hieß, aber nur „der Verrückte" genannt wurde, denn das bedeutet Madschnun.

Er war ein lange erwünschter, spät geborener Sohn des Stammesführers, des Seyed. Dieser wollte für ihn die beste Ausbildung und schickte ihn auf die beste Schule. Er lernte schnell die Kunst des Lesens und Schreibens, und er redete so gewandt, dass es eine Freude war, ihm zuzuhören. Doch dann geschah etwas mit ihm. Unter den Schülern waren auch einige Mädchen aus den edlen Stämmen Arabiens. Leila war die Schönste. Gewachsen war sie wie eine schlanke Zypresse, ihre Gazellenaugen unter ihren schwarzen Locken konnten tausend Herzen durchbohren. Qeis ertrank im Liebesmeer. Er hatte sein Herz an Leila verschenkt, ehe er wusste, was er da vergab. Und Leila erging es wie ihm. Gleichzeitig entzündete sich das Feuer in ihnen, und sie versanken in einen Rausch. Ihre Augen wurden blind für die Schule und die Welt. Aber deren Augen waren bald auf sie gerichtet. Neugier wurde zu Neid und Missgunst und man zeigte mit dem Finger auf sie.

Sie hörten den Tadel und Spott und versuchten, ihre Liebe zu verbergen und Vorsicht und Geduld zu üben. Liebe aber kann das nicht. Wenn sein Verstand dem jungen Mann befahl, die Freundin zu meiden, so war sein Herz krank voll Sehnsucht. Aus diesem Zwiespalt gab es keinen Ausweg.

Qeis verlor sein inneres Gleichgewicht, so dass die Leute sagten: „Er ist ein Madschnun." Leilas Sippe war davon sehr betroffen. Man dürfte nicht zulassen, dass dieser Tollkopf ihren guten Namen gefährdete. Daher behielten sie das Mädchen im Hause und sorgten dafür, dass Qeis sie nicht mehr sah. Leila weinte deshalb häufig, aber im Geheimen, während der Jüngling sein Leid allen zur Schau stellte. Er bemerkte die Leute nicht, die in anstarrten, und hörte nicht, dass man rief: „Sieh, der Ver-rückte! Madschnun kommt!"

Auch Qeis' Familie schämte sich für ihn. So durfte es nicht weitergehen. Auf dem Spiel stand das Ansehen des Stammes. Niemand war über das Unglück, das sein Sohn erlitt, so verzwei-felt wie der Seyed. Er versammelte seine Getreuen und sagte: „Mein Sohn hat das Herz an dieses Mädchen verloren. Bekommt er sie, so wird er sein Herz wiederfinden. Wir müssen versuchen, dass Leilas Stamm sie ihm zur Frau gibt." Der Alte brach mit seinem Gefolge auf. Leilas Leute empfingen ihn aufs Beste. Als sie jedoch den Antrag vernommen hatten, sagte ihr Vater: „Dein Sohn ist ein stattlicher junger Mann. Aber wer weiß

nicht, dass er sich wie ein Narr aufführt? Ein Verrückter ist
für uns kein Schwiegersohn. Sorge erst dafür, dass er geheilt
wird, erst dann sprich wieder von Heirat!"
Man versuchte nun, den Jüngling durch gutes Zureden zu
heilen. Es gäbe doch, sagten sie, unter den Mädchen seines
Stammes ebenso schöne, ja noch schönere als diese Leila.
Er solle von ihr lassen und sich eine andere Freundin wählen.
Madschnuns Verzweiflung war nun zweifach: einmal wegen
der Antwort von Leilas Vater, dann wegen der verständnislosen
Reden der Seinen. Er ließ seinen Vater stehen und rannte auf
und davon; in jedes Zelt gellte sein Schrei: „Leila! Leila!"
Manchmal schlug seine Stimmung um, und er begann, wunder-
bare Verse zu sprechen und innige Lieder zu singen. Die Menschen standen überrascht, und viele vergossen Tränen über
das Unglück des begnadeten Sängers. Er aber bemerkte ihr
Mitgefühl ebenso wenig wie früher den Spott. Wes das Herz
voll ist, des fließt der Mund über, heißt es in der Bibel. Dass
die Liebe den Menschen zum Dichter und Sänger macht, ist
eine weit verbreitete Vorstellung. Niemand dichtet so schön
wie ein Liebender, niemand liebt heißer als ein Dichter.
Mit jedem Tag wurde Qeis' Liebeswahnsinn größer, aber seine
Verwandten hatten noch nicht alle Hoffnung aufgegeben. Sie
richteten ihre Gedanken auf Allah und wollten zur Kaaba nach
Mekka wallfahren, um dort Heilung zu erflehen. Der alte Seyed
rüstete sich zur Reise und brach mit einer kleinen Karawane
zur heiligen Stadt auf. Für Madschnun hatte er eine Sänfte
beschafft. Als Vater und Sohn vor dem Allerheiligsten standen,
forderte der Seyed den Jüngling auf: „Sprich diese Worte: Herr
erlöse mich von dieser Tollheit, führe mich auf den richtigen
Weg! Befreie mich vom Übel meiner Liebe!" Als Madschnun
diese Worte hörte, weinte er zunächst, dann lachte er laut. Er
schlug gegen das Tor des Heiligtums und rief: „Mein Schicksal

Madschnun vor der heiligen Kaaba in Mekka. Statt um Heilung von seiner Krankheit bittet er um noch mehr Liebe zu Leila: „... Stirbt die Liebe, so sterbe ich auch ...“
Bibliothèque nationale, Paris; Nizami Handschriften N 1029, fol. 139r.

sei die Liebe! Ich bitte dich, Herr, lass meine Liebe wachsen und dauern! Mein Leben bringe ich Leilas Schönheit zum Opfer. Lass mich leben und mache diese Liebe hundertmal größer als sie ist!" Als Madschnuns Vater diese Worte hörte, wusste er, dass es für dieses Leiden keine Heilung gab.

Liebe und Religion stehen hier nicht in Konkurrenz miteinander, wie so oft, sondern die Liebe ist in der Gewalt des Höchsten. Der unbedingt Liebende ist nicht mehr von dieser Welt. Erst in der nächsten wird sich die Liebe erfüllen, wie der Schluss zeigt.

Überall sprach sich herum, dass Qeis nicht hatte geheilt werden wollen, und die Leute von Leila waren erbittert. Er bringe ihren Stamm durch sein Benehmen in Verruf, und sie klagten ihn vor dem Kalifen an. Dessen Präfekt, der ein harter Mann war, zog sein Schwert und sagte: „Gebt ihm doch Antwort damit!" Madschnuns Vater bekam Angst um seinen Sohn, der wieder in die Wildnis gelaufen war. Er suchte ihn, und als er ihn fand und warnte, antwortete der Jüngling nur: „Wer liebt, bangt nicht um sein Leben. Meine Seele ist verloren gegangen. Was könnte sie treffen?" Er zog weiter durch die Wüste und das Gebirge.

So verrückt er auch war, so waren seine Verse doch makellos, und viele Menschen lauschten gierig seinen Liedern. Manche wurden durch sie selber zu Liebenden.

Leila war von Tag zu Tag schöner geworden, aber inwendig weinte sie blutige Tränen. Auch sie brannte im Feuer der Sehnsucht und ging nachts hinaus und wartete. Aber nur der Wind wehte aus den Bergen und blies eine Wolke herbei: Die Tropfen waren für Leila die Tränen ihres fernen Geliebten. Auch kam seine Stimme zu ihr. Jedes Kind trällerte seine Lieder und überbrachte Leila eine Liebesbotschaft von ihm. Im Geheimen lernte sie alle Verse Madschnuns und dichtete ihre Antworten darauf. Diese schrieb sie auf Zettelchen und übergab sie dem Wind. Wenn jemand ein solches Papier aufhob, erriet er wohl den

Der angekettete Madschnun wird von einem alten Bettelweib vor Leilas Zelt geführt.
Bibliothèque nationale, Paris; Nizami Handschriften N 1029, fol. 150v.

verborgenen Sinn und manch einer ging damit zu Madschnun.
Dieser erkannte sogleich die Freundin und antwortete ihr.
Gar manche Melodie tauschten sie so miteinander aus.

Eines Tages, als Leila im Garten spazieren ging, sah sie ein
junger Edelmann. Ibn Salam war tüchtig und angesehen, und
als er einen einzigen Blick auf Leila geworfen hatte, beschloss
er, sie zu erringen. Er sandte Brautwerber zu ihren Eltern, aber
diesen schien es für ein Ja noch zu früh, und sie vertrösteten
Ibn Salam, nicht ohne reichlich Hoffnung zu spenden.

Madschnun ertrug es nicht länger, der Geliebten fern zu sein.
Er eilte dorthin, wo ihre Sippe die Zelte aufgeschlagen hatte.
Unterwegs traf er ein Bettelweib. Sie zerrte an einem Strick
einen Mann hinter sich her, der aussah wie ein Verrückter und
sich auch so gebärdete. Die Frau trieb den Armen an, als sei
er ein Esel oder Ochse. Madschnun fragte, was der Mann getan
habe, dass sie ihn so gefesselt herumführe. Sie erwiderte ihm,
dieser Mensch sei gar nicht verrückt, noch habe er etwas
begangen. Er sei ein Derwisch, und da sie beide bittere Not
litten, hätten sie beschlossen, ihn derart zur Schau zu stellen,
um Almosen zu erbitten. Als Madschnun das hörte, fiel er vor
der Frau auf die Knie und flehte sie an: „Ich bin ein Wahnsinniger, führe mich herum und alle Gaben sollen dir allein gehören."
Die Alte befreite sogleich den Derwisch und fesselte Madschnun,
dann zog sie mit ihm am Halsstrick weiter. So oft die beiden zu
einem Zelt kamen, sang Madschnun seine Liebesverse und rief:
„Leila! Leila!" Er tanzte dazu wie ein Betrunkener. Eines Tages
gelangten sie zu einer Oase, und Madschnun erkannte Leilas
Zelt. Er schlug mit dem Kopf auf den Boden und schrie: „Weise
mich nicht von dir! Töte mich! Erlöse mich selbst von mir!" Er
zerriss seine Fesseln und jagte davon in die Berge. Man suchte
ihn, und als man ihn fand, war alles außer Leilas Namen und
die Erinnerung an sie aus seinem Gedächtnis gelöscht.

Leila lebte mit dem Geheimnis ihrer Liebe, das sie niemandem anvertrauen durfte. Vornehme Freier kamen von nah und fern und warben um sie, Leilas Vater aber gab sie keinem. Ibn Salam rüstete eine Karawane mit allen Schätzen aus. Am Ziel seiner Reise sandte er einen Brautwerber zu Leilas Sippe. Mit seiner Beredsamkeit und seinen Schätzen brachte er Leilas Vater dazu nachzugeben und den Hochzeitstag festzusetzen. Wie glücklich war Ibn Salam! Er führte Leila zu seinen Zeltplätzen: „Alles, was du siehst, gehört jetzt dir!", sagte er. Aber die Schöne weigerte sich, sein Lager zu teilen. Er wollte es nicht mit Gewalt versuchen, sondern war zufrieden, wenn er sie anblicken durfte.

Leila lebte nur in Gedanken an Madschnun. Als dieser von ihrer Heirat erfuhr, war er im Innersten aufgewühlt. Da er nicht mit ihr reden konnte, sandte er mit dem Wind seine Klagelieder zu ihr, Antwort aber erhielt er nicht.

Madschnuns Vater starb. Nach seinem Tode wurde die Wildnis erst recht zur Heimat des Sohnes. Er hatte die Tiere als Gefährten; sie bewachten, beschützten und umsorgten ihn. Menschen traf er nur noch selten. Doch eines Tages trat ein alter Mann zu ihm, ein Bote Leilas. Er brachte ihm einen Brief von ihr. Madschnun stand da wie im Traum, dann sprang er auf und begann zu tanzen wie ein Wilder. Hundertmal drehte er sich im Kreis, bis er zusammenbrach. Als er wieder zu sich kam, erbrach er das Siegel und las den Brief. „Zwar sind unsere Körper getrennt, aber meine Seele ist bei der deinen jeden Augenblick. Ich gehöre dir – nur dir!" Der Bote hatte Papier und Feder mitgebracht. Madschnun schrieb: „In der Liebe zu dir schwindet mein Leben dahin. Aber solange du heil bist, ist mein Leid ein Nichts."

Madschnuns Brief hatte Leilas Schmerz noch heftiger gemacht. Ihr Dasein war eine ständige Qual. Eingeschlossen war sie und besaß keine Waffe außer der Geduld. Ihr Mann hatte es nicht besser. Was soll der tun, der liebt und selbst nicht geliebt wird? Er verlor alle Hoffnung, und der Gram vergiftete seinen Körper. Zwar war er noch jung, doch das Leid schwächte ihn so, dass seine Seele den Leib verließ. Leila bedauerte ihn, doch sie war erlöst. Jetzt konnte sie Herz und Seele dem Geliebten schenken. Als Witwe musste sie jedoch zwei Jahre zurückgezogen in ihrem Zelt verbringen. Als es Herbst wurde, ging es ihr wie dem Garten, in dem die Blumen welken. Das Fieber ergriff sie, und sie rief ihre Mutter und bat sie, sie auf der Totenbahre wie eine Braut zu schmücken. Ein rotes Totenkleid solle sie ihr anlegen, denn sie sei eine Märtyrerin. „Madschnun", so sagte sie, „richte aus, dass ich mit dem Gedanken an ihn aus dem Leben gegangen bin. Ich habe ihm bis ans Ende die Treue gehalten." Als Madschnun vom Tod Leilas erfuhr, eilte er sogleich herbei.

Er wand sich auf der Erde in hundert Qualen. Täglich schleppte er sich zum Grabhügel Leilas. An einem Tag ging es ihm elender als jemals zuvor. Er flehte zum Höchsten, ihn von diesem grauenhaften Dasein zu befreien, und legte den Kopf auf die Erde. Mit beiden Armen umfasste er den Grabstein. Mit den Worten „Du liebe …" verließ die Seele seinen Körper. So wie er gestorben war, blieb er auf dem Hügel liegen. Wilde Tiere behüteten ihn. Das, was noch an ihm gewesen war, zerfiel zu Staub, nur das Gerippe blieb übrig. Da zogen die Tiere ab und man bestattete Madschnun an der Seite Leilas.

So schlummern sie,
bis sie auferstehen.
Sie hatten sich Treue gelobt
in dieser Welt.
In jener schlafen sie
im gleichen Zelt.

Nizami, ‚Leila und Madschnun' (1188)   **67**

Elisabeth und Ludwig von Thüringen

Eheliebe auch im Adel

„Seht ihr dort den Berg? Wäre er ganz aus Gold und mein, so gäbe ich ihn hin für Elisabeth. Sie ist mir das Liebste auf der Welt. Ich will sie heiraten!"

Eigentlich sollte sein älterer Bruder sie heiraten. Als dieser starb, wollte man Elisabeth zu ihrer Familie zurückschicken. Ludwig intervenierte mit diesen Worten. Eine Adelsehe und eine solche Liebe – das war sehr ungewöhnlich. So hatte es begonnen: Die vierjährige Elisabeth von Ungarn, Tochter des Königs Andreas III. und seiner Gemahlin Gertrud von Andechs-Meranien, wurde verlobt mit Hermann von Thüringen, dem ältesten Sohn des Landgrafen. Es sollte für beide Familien eine nützliche Verbindung sein: Die Ludowinger in Thüringen gehörten zu den mächtigsten Landesherren im Reich, die Verwandten der Mutter Elisabeths waren mindestens ebenso reich begütert, und die ungarische Königskrone steuerte zusätzlichen Glanz bei. Um die zukünftigen Ehegatten miteinander vertraut werden zu lassen, brachte man die kleine Elisabeth an den Hof ihres Schwiegervaters. Das war im Mittelalter bei Herrscherfamilien kein Einzelfall. Ihr wurden Bedienstete und eine reiche Aussteuer mitgegeben, von einer Erzieherin ist die Rede, von einer Musikerin und von einem silbernen Bettchen. Der Ehevertrag legte fest, was sie als Mitgift erhielt, die Hälfte davon wurde sofort übertragen, der andere Teil sollte bei der späteren Heirat folgen. Falls sie zur Witwe werden würde, behielt sie alles, was sie mitgebracht hatte.

In Thüringen übernahm Sophia, die Gemahlin des Landgrafen, die Erziehung Elisabeths. Sie war eine fromme Frau und förderte die religiösen Neigungen des Mädchens. Die war kein einfaches Kind. Von wilden Spielen wird berichtet, auch von großer Bereitschaft, mit den Gefährtinnen zu teilen, und von spontanem und häufigem Besuch der Kapelle. Dort griff sich die kleine

Sant Elzue waz ens kings tohter von vngn vnd het enen Langrafen von
heffen. Vnd die vollbrache die fechs werck der Barmhertzikait.

David der prophet hat vns daz bezeut vnd spriche also Selig ist der der
bedencke den armen vnd notigen den wil got erledigen vnd entpinden an
dem Jungsten tag. Daz bewert vns auch die warheit in gospeo Vnd
spriche also Selig fein die parmhertzigen wann sie gewinnen vnd begraff
die parmhertzikeit gotes. Vnd daz felb hat auch vns auzgelegt vnd be-
deut der ewangelist. Vnd spriche Kumpt her ir geheiligten vnd befitze daz
reich meins vaters daz euch bereit ist von angeng der werlt. Wan mich
hungert ir gabe mir ze ezzen. Mich durst ir gabe mir ze trinken. Ich
waz nackent ir cleidet mich. Ich waz ein pilgreim vnd ellend da her
wege ir mich. Ich waz in der vankunst do kome ir zu mir vnd troist
mich. Vnd brahe daz in daz gefchehen wer. Weim es seinem minsten
Vnd ernsten gefchehen wer in seinem namen.

*Die heilige Elisabeth verteilt Brot an Arme. Miniatur auf Goldgrund aus
dem Leitbuch des Heilig-Geist-Spitals, nach 1400.
Stadtarchiv Nürnberg, D 2 II. Nr. 004 d verso.*

Elisabeth ohne Umstände das heilige Buch, den Psalter, und tat so, als könne sie ihn lesen.

Ihren zukünftigen Bräutigam sah sie jeden Tag, ebenso dessen jüngeren Bruder Ludwig. Dann gefährdete ein Schicksalsschlag die Pläne der Eltern: Hermann wurde krank und starb. Die junge Königstochter sollte nach Ungarn zurückkehren, nicht zuletzt, weil der zweite Teil der Mitgift nicht mehr gesichert war, da ihre Mutter bei einer Adelsrevolte ihr Leben verloren hatte. Doch Ludwig soll es mit entschiedenen Worten verhindert haben.

Als Elisabeth vierzehn Jahre alt war, wurde die Ehe zwischen ihr und dem sieben Jahre Älteren geschlossen. Er war bereits seit vier Jahren regierender Landgraf, denn sein Vater war verstorben, seine Mutter Sophia hatte sich in ein Kloster zurückgezogen. Elisabeth als neue Herrin übernahm trotz ihrer Jugend die Schlüsselgewalt am Hof. Sie war als Landgräfin nicht einfach für die Hofgesellschaft.

Wenn ihr Mann in seinem Land unterwegs war, schaltete und waltete sie selbstständig, unterstützt von tüchtigen Räten. Mildtätigkeit für die Armen und Kranken gehörte zu ihren herrscherlichen Pflichten, aber sie übertrieb es – so dachten jedenfalls die Leute am Hof. Nicht nur, dass sie die Kranken persönlich wusch und badete oder einen Bettler in ihrem Bett schlafen ließ, sondern sie wies auch alle Speisen von sich, die den Bauern abgepresst worden waren, und gab und schenkte dermaßen großzügig, dass man am Hof Angst um die landgräflichen Finanzen bekam.

Daher schrieb man ihr im Volk das Rosenwunder zu. Als sie wieder einmal Speisen und Kleidung mitnahm, Notleidende zu bedenken, begegnete sie ihrem Mann. Der hatte ihr angeblich untersagt, solche Geschenke zu machen. Sie verbarg daher ihre Gaben in ihrer Schürze. Als er sie streng aufforderte, ihm zu zeigen, was sie da hatte, war ihre Schürze mit roten Rosen gefüllt. Eine solche Situation hat es nie gegeben. Ludwig soll lachend gesagt haben, da man ihn auf die übergroße Gebefreudigkeit seiner Frau hinwies: „Solange sie nicht gleich die Wartburg verschenkt, soll es mir recht sein."

Er unterstützte ihre karitativen Unternehmungen, auch gegen die Kritik der Hofgesellschaft. Ein Spital in Gotha stifteten sie gemeinsam und statteten es mit reichem Besitz aus. Ganz ungewöhnlich war die Nähe und Vertrautheit des Paares. Sie saß immer bei ihrem Mann an der Tafel und nicht unter den Frauen, wie es üblich war.

Selbst in ihren religiösen Übungen ging sie weit über das gewohnte Maß hinaus. Elisabeth betete viel; um die Gebetszeiten der Klosterleute einzuhalten, beauftragte sie ihre Kammerfrau, sie nachts am Zeh zu ziehen und unauffällig zu wecken. Einmal fasste diese den Landgrafen, der erwachte und zu seiner Frau sagte: „Liebe Schwester, übernimm dich nicht, gönne dir Ruhe!" Ludwig und Elisabeth redeten sich nach französischer Sitte mit Schwester und Bruder an, um ihre seelische Verbundenheit auszudrücken. Auch die körperliche Nähe muss groß gewesen sein. Elisabeth bekannte, ihr seien die Gebete und frommen Übungen ein Mittel, um nicht völlig abhängig von der Sehnsucht nach ihrem Mann zu werden, und von Ludwig heißt es, er habe, anders als seine Standesgenossen, keine außerehelichen Liebschaften unterhalten.

Zu einem Fest auf der Wartburg waren die vornehmen Bürger mit ihren Frauen eingeladen. Als Ludwig eine besonds schöne junge Frau sah, die ausgelassen tanzte, machte er eine lobende Bemerkung über sie. Als das Fest zu Ende ging, bat man ihn in ein Zimmer. Dort wartete die junge Frau auf ihn. Man hatte ihr zugeredet, die Geliebte des Landgrafen zu werden. Ludwig aber erklärte, sein einziges Verlangen gelte Elisabeth. Er beschenkte die junge Frau und schickte sie zurück.

Zwei Kinder hatten sie bereits miteinander, und Elisabeth war mit dem dritten schwanger, als Ludwig sich entschloss, auf den Kreuzzug zu gehen. Sie war voll banger Ahnungen, wollte ihn jedoch nicht zurückhalten und begleitete ihn bis zur Landesgrenze. Nie sollte sie ihn wiedersehen, denn er starb unterwegs an einer Krankheit.

Als sie die Nachricht von seinem Tod erhielt, wusste sie, dass ihr weltliches Leben nun vorüber war. Eine Wiederheirat schloss sie sofort aus, jetzt wollte sie sich ganz der Fürsorge der Armen und Kranken widmen. Sie scherzte darüber, dass sie jetzt eine Heilige werden wollte, und sagte zu ihren Kammerfrauen, sie sollten ihre Kleider gut aufheben, denn nach ihrem Tode seien sie wertvolle Reliquien. Ihre Kinder vertraute sie den Verwandten ihres Mannes an, um sie nicht um ihre adlige Erziehung zu bringen. Wie eine Dienerin gekleidet verließ sie die Wartburg und opferte sich im Dienst an den Nächsten auf. Mit ihrem Besitz gründete sie ein Spital. Radikal wie sie war, schonte sie sich nicht und steigerte ihre asketischen Übungen in solchem Maße, dass sie mit vierundzwanzig Jahren körperlich völlig erschöpft starb.

Bereits vier Jahre später wurde sie heilig gesprochen, auch ihrem Mann legte man dieses Attribut bei, obwohl es nie ein entsprechendes kirchliches Verfahren gegeben hat. Bald sang man Lieder von Elisabeth und Ludwig, ihrer Liebe, ihrem tränenreichen Abschied und ihrem frühen Tod im Dienste Gottes. Er hatte die männliche Form erwählt: den Kreuzzug. Sie die weibliche: die Sorge für die Armen und Kranken. So wurde sie schnell zum Vorbild und blieb es bis in die Gegenwart.

Elisabeth, Landgräfin von Thüringen (1207 – 1231)
Ludwig IV., Landgraf von Thüringen (1200 – 1227)

Heloise und Abaelard

Liebe in Gott?

„Glücklich im Grabe liegen mit Dir – nichts sonst bleibt noch der Liebe" – diese Zeilen des bedeutenden Philosophen Petrus Abaelard hat man auf seine große Liebe bezogen: Zu den berühmtesten „realen" Paaren des Mittelalters gehören die ebenso intelligente wie schöne Heloise und ihr Geliebter, der deutlich ältere Gelehrte. Es ist eine skandalöse Geschichte, weil die physische Einheit der Liebenden durch die Kastration des Mannes zerstört wird, es ist aber auch eine Geschichte von der Umwandlung einer körperlich sehr intensiven Liebe in eine geistige, eine geistliche. Was an dieser Liebesgeschichte faktisches Geschehen, was literarische Überformung ist, darüber gehen die Meinungen auseinander. Der Briefwechsel mag eine spätere Erfindung sein, spiegelt jedoch eine mittelalterliche Utopie: Er zeigt eine Transzendierung der Liebe, aber auch den Preis dafür. Heloises Briefe sprechen von dem Verlust der Nähe und den daraus entstehenden Qualen. Der Mensch ist kein reines Geistwesen, aber er trägt diese Dimension in sich. Weil Heloise und Abaelard diese Spannungen beispielhaft durchlitten haben, leben ihre Namen noch heute.

Heloise war ein ungewöhnlich begabtes junges Mädchen. Wer ihre adeligen Eltern gewesen sein könnten, wissen wir nicht. Sie lebte im Hause ihres Onkels, eines Domherrn an Notre-Dame von Paris. Vielleicht war er ihr Vater, jedenfalls sorgte er für sie wie ein solcher. Heloise hatte im Kloster St. Marie in Argenteuil ihre Ausbildung erhalten. Sie hatte die drei heiligen Sprachen Latein, Griechisch und Hebräisch studiert und wollte philosophische und theologische Texte lesen und darüber diskutieren wie ihre männlichen Altersgenossen. Sie konnte die Studenten an der Domschule von ihrem Fenster aus sehen, wie sie debattierten und sich stritten, und ihren

t qnt tu auuns fame pnse
u le sauuns bien acruise
omnient helouys la tresse
utrodit pierres abidart

ienrs abilart le confesse
Am suet helouys la tresse
u princlit qui fu sainne
corder ne se vouloit mie
rcus qui la preist a fame
ur li faisoit la lettue druue
ien entendant t bien lettre
t bien amaut t bien amee
rguuieus ali chastier

berühmten Lehrer, den Magister Petrus Abaelard, von dessen Vorlesungen alle schwärmten. Als Frau durfte sie die Lehrveranstaltungen nicht besuchen. Daher war sie überglücklich, als ihr Onkel ihr verkündete, der bewunderte Hochschullehrer würde sich bei ihm einquartieren, da ihn der eigene Haushalt vom Studium der Bücher abhielte. Als Gegenleistung habe er sich bereit erklärt, sie privat zu unterrichten.

Was Heloise nicht wusste: Petrus Abaelard hatte sich in sie verliebt und plante, sie zu verführen. Er hatte bisher keusch gelebt. Adelige Frauen waren für ihn unerreichbar, denn er konnte als Kleriker mit dem kirchlichen Amt des Lehrers keine Ehe eingehen. Der Umgang mit bürgerlichen Frauen war ihm fremd, und Dirnen hatte er, im Unterschied zu seinen Kollegen, nie besuchen wollen. Aber hier war eine Neunzehnjährige, mit der er seine Sprache sprechen konnte: die der Bildung und Gelehrsamkeit. Der Gedanke an sie zog ihn immer stärker an, und so fasste er den Plan, ihr Lehrer zu werden und sich ihr zu nähern. Sie leistete keinen Widerstand. Später hat er die Situation so beschrieben: „Offen lagen die Bücher, aber wir diskutierten über die Liebe. Die Hände fassten lieber die Brüste als das Buch und statt in den Texten lasen wir in den Augen. In unserer Begierde genossen wir alle Stufen der Liebe und betrieben alles, was die Erfinderlust ersinnen konnte. Wir beide hatten diese Freuden bisher nicht gekostet, umso glühender gaben wir uns ihnen hin und keine Scheu wandelte uns an."

Das, was beide taten, war in den Augen der kirchlichen Sittenlehre Sünde, die sie hätten verabscheuen müssen, aber die Macht des Begehrens war zu stark. Abaelard vernachlässigte seine Pflichten, seine Vorlesungen wurden Routine, waren

Gegenüber: Abaelard und Heloise. Miniatur aus Roman de la Rose.
Bibliothèque du Château, Chantilly; Ms 0482, 14. Jahrhundert, fol. 60v.

Wiederholungen. „Es war ein aufreibendes Leben, der Liebe die Nacht und dem Studium den Tag zu widmen", schrieb er. Neues fiel ihm nicht mehr ein, stattdessen dichtete er Liebeslieder, die von seinen Studenten nachgesungen wurden und von allen denen, die „vom Leben ein ebenso schönes Geschenk erhielten."

„Sie wisse, dass ich hochgemut
mit kühner Leibeskraft,
den allerhöchsten Baum erklimme
und mir die schönste Frucht greife …"

Einige Monate dauerte diese erfüllte Zeit. Bald wurde so viel über die beiden geredet, dass ihr Onkel davon hörte. Er war außer sich. Dieses Gerücht würde eine Verehelichung Heloises unmöglich machen. Abaelard musste ausziehen, die junge Frau wurde unter Hausarrest gestellt. Aber schreiben konnten sie einander, und so erfuhr er, dass seine Geliebte schwanger war. Eines Nachts, als der Onkel abwesend war, entführte er Heloise. In seiner Heimat, in der Bretagne, bei seiner Schwester, brachte sie ihren Sohn zur Welt, der nach seinem Vater Petrus getauft wurde und den Beinamen Astrolabius erhielt. So heißt ein wissenschaftliches Gerät, mit dem man die Position der Sterne bestimmt. Das ist ein sehr ungewöhnlicher Name. Er reflektiert sowohl den Status der Eltern als Wissenschaftler wie ihr Streben aus dieser Welt nach den Sternen.

Der Onkel war nicht untätig. Unternehmen konnte er nichts gegen die beiden. Die uneheliche Vaterschaft eines Klerikers war ein Fall für dessen Gewissen, nicht für das geistliche Gericht. Aber an seiner Verantwortung für Heloise konnte er Abaelard packen. Eine offizielle Ehe war zwar kaum möglich, denn sie hätte den Gelehrten seine Position gekostet, aber es gab die Einrichtung der heimlichen Ehe. Und so schlossen die Familien Abaelards und Heloises einen Vertrag: Die beiden heirateten heimlich. Heloise war unzufrieden mit dieser Lösung. Sie wollte keine Bindung, Geliebte wollte sie heißen, nicht Gattin, denn die Apostel und die Kirchenväter rieten von der Ehe ab, ebenso die antiken Philosophen. Sie halte ab von der Wissenschaft. Schreibstube und Kinderstube passten nicht zueinander, Griffel und Spindel könne man nicht vereinen. Wäre er in seinen theologischen Gedanken versunken, fingen die Kinder an zu schreien und die Ammen ließen ihren eintönigen Singsang erklingen. Philosophie sei kein Zeitvertreib für Mußestunden. „Wir können uns zwar seltener sehen, aber die Freude und die Lust sind dann umso größer." Heloise sah in der Ehe, auch in der geheimen, einen Verrat an der Liebe ebenso wie am Ideal der Philosophie. Sie sprach einen prophetischen Satz. „Wenn wir auch beide zu Grunde gehen sollen, so bleibt doch ein Trost: Die Bitterkeit des Elends wird nicht größer sein als die Süße unserer verlorenen Liebe." Noch nach vielen Jahren schrieb sie an Abaelard: „Die gemeinsam genossenen Liebesfreuden brachten so viel beseligende Süße, dass ich sie nicht verurteilen kann, ich vermag sie kaum aus meinen Gedanken zu vertreiben. Sogar mitten während der Messe drängen sich diese lustvollen Fantasien vor, ich sollte beten, stattdessen spüre ich die Versuchungen meiner Sinnlichkeit." Abaelard nahm seine Vorlesungen wieder auf. Heloise kehrte ohne ihr Kind in das Haus ihres Onkels zurück. Allem Anschein nach lebten beide im Konkubinat. Das bedeutete eine öffentliche Entehrung nicht nur der jungen Frau, sondern auch ihres Onkels und der ganzen Familie. Es blieb diesem nur, die Wahrheit über die heimliche Ehe zu verbreiten, aber das Paar stritt alles ab. Als er versuchte, Heloise durch Schläge dazu zu bringen, die Wahrheit einzugestehen, entführte Abaelard sie erneut, diesmal in das Kloster St. Marie, wo man Heloise kannte. Sie wurde als Laienschwester eingekleidet, um sie dem Zugriff der

Trennung Abaelards von Heloise.
Gemälde, um 1778, von Angelika Kauffmann (1741–1807).
Staatliche Hermitage, St. Petersburg

Familie zu entziehen. Aber selbst das Kloster konnte das Begeh-ren der Liebenden nicht eindämmen: Als Abaelard sie besuchte, gaben sie sich in einer Ecke des Speisesaals ihren Begierden hin, weil sie keinen Raum fanden, in den sie sich zurückziehen konnten. Es sollte das letzte Mal sein.

Der Onkel fühlte sich aufs Tiefste gedemütigt, und er griff zur Selbstjustiz, fügte Abaelard das zu, was man Ehebrechern antat. Er bestrafte den Mann an dem Teil seines Körpers, mit dem er gesündigt hatte. Er bestach den Diener, drang nachts in das Haus und ließ Abaelard kastrieren. Das wurde sofort publik. Alle waren erstarrt vor Entsetzen, und das Mitleid schmerzte den so grausam Verstümmelten mehr als die Wunde. Der Bischof war bestürzt, die Kollegen nahmen Anteil und nicht zuletzt die Frauen von Paris, die den eleganten Intellektuellen bewunderten. Abaelard war klar, dass er sein bisheriges Leben nicht weiterführen konnte. Sein Ansehen, seine Ehre waren zerstört. Die Täter wurden bestraft, der Onkel verlor seine Stellung und sein Vermögen, aber das änderte nichts an der Schande Abaelards. Er flüchtete ins Kloster; es war die Scham und nicht innere Umkehr, die ihn dazu trieb. Er wollte Mönch werden, und das bedeutete für Heloise, dass sie den Schleier nehmen musste, denn ein verheiratetes Paar konnte nur gemeinsam den Schritt aus der Welt in das Kloster tun. Sie wollte nicht, aber sie gehorchte ihm. „Ich wäre auf dein Geheiß in die Hölle gestürzt", schrieb sie, „ich war nicht mehr Herrin meines Ich, es war nur in dir." Viele wiesen sie warnend darauf hin, dass sie das Leben als Nonne nur als unerträgliche Entsa-gung empfinden könnte, jedoch vergebens.

Sie legte die Gelübde ab, Abaelard zuliebe, nicht aus Gotterge-benheit. Abaelard trat in St. Denis ein, doch im königlichen Kloster hielt es ihn nicht lange. Er zog sich in die Einsiedelei Paraklet zurück, seine Studenten aber folgten ihm. Immer wieder eckte er bei den Autoritäten an, schließlich ging er als Abt des Klosters St. Gildas in die Bretagne – und scheiterte in seinem Bemühen, es zu reformieren.

Wo war Heloise? Er schwieg über sie, aber er dichtete Klagelieder. Sie handelten von alttestamentlichen Figuren in aussichtslosen Lebenssituationen. David klagt über seinen Sohn Abner – klagt da Abaelard über Heloise? Er wird sie zu Beginn einige Male besucht haben, dann aber trennte sie die Klosterzucht. Äußerlich hielt sie die Regel ein, aber innerlich rebellierte sie gegen ihr Schicksal. Nach wenigen Jahren wurde sie Priorin, also die zweite Frau im Kloster. Dann wurden sie und ihre Nonnen vertrieben, weil St. Denis das Kloster für sich beanspruchte. Das war die Stunde Abaelards. Die Frauen sollten seine aufgegebene Einsiedelei Paraklet erhalten und sich dort niederlassen. Zehn Jahre nach der Trennung standen sich Heloise und ihr früherer Geliebter gegenüber. Ging es nur um die rechtlichen Regelungen oder sprachen sie von ihren Gefühlen? Heloise von ihrem unterdrückten Begehren, von ihrer verzweifelten Liebe? Er von seinen Kämpfen, seiner Verbitterung? Wir wissen es nicht. Abaelard hatte die Vision eines Doppel-

klosters, eines Verbundes, wo Mönche und Nonnen nebeneinander wohnen, beten und studieren könnten. Dieser Traum blieb ohne Erfüllung.

Beide tauschten Briefe aus. Ihre sind verzweifelte Liebesbekenntnisse. Sie schrieb: „Und wenn der Kaiser käme, mich zu ehelichen, wenn er mir die ganze Erde schenkte, so möchte ich doch lieber deine Dirne heißen und wäre stolz darauf, als seine Kaiserin." Er versuchte, mit hölzernen Trostworten die Gefühle zu löschen. Aber als er der Häresie angeklagt wurde, sah er sie als die einzige Instanz an, die seinen Glauben beurteilen dürfte. Er schrieb: „Liebe Schwester Heloise, in der Welt einst mir teuer, jetzt in Christus mir vor allem lieb und wert." Ihr gegenüber formulierte er sein Glaubensbekenntnis. Die offizielle Kirche verurteilte ihn, Heloise verstand ihn. Ewige Haft und ewiges Schweigen wurden sein Schicksal. Er musste sie nicht lange ertragen, mit dreiundsechzig Jahren verstarb er an einer Krankheit. Sein Leichnam wurde in die Obhut der Äbtissin Heloise nach Paraklet überführt. Sie dichtete eine Totenklage. Noch 22 Jahre lebte sie, sie wurde neben Abaelard beigesetzt. Mit ausgestreckten Armen soll sein Leichnam sie empfangen, umarmt und festgehalten haben.

Heute liegen beide auf dem Friedhof Père Lachaise in Paris. Liebespaare verabreden sich am Grabe, und selten sieht man es ohne frische Blumen.

Abaelard (1079–1142), Historia calamitatum (um 1130)
Abaelard und Heloise (1095–1164), Briefwechsel

Gegenüber: Abaelard und Heloise, Kapitell eines Mittelpfeilers, um 1868–80, im Saal der Waffenträger, Conciergerie, Palais de la Cité, Paris.

Eleonore und Heinrich von England

Literatur und Leben

Königin Eleonore von England wurde die Frage vorgelegt, für wen sich eine Frau entscheiden solle, die gleichzeitig von einem Jüngling und von einem erwachsenen Ritter um ihre Liebe gebeten wird. Sie entschied, dass der erfahrene und bewährte Mann vorzuziehen sei gegenüber dem unreifen Jungen.

So steht es zu lesen in den „Drei Büchern über die Liebe" des Kaplans Andreas, denn Urteile über Liebesprobleme zu fällen, gehörte zu den literarischen Spielen des französisch-englischen Hochadels in den achtziger Jahren des 12. Jahrhunderts. Die reale Eleonore hatte gerade anders gehandelt und im Jahre 1152 mit dreißig Jahren den erst neunzehnjährigen Heinrich von Anjou geheiratet. Wie es zu dieser Ehe kam, darüber lassen sich zwei Geschichten erzählen, eine romantische und eine politische.

Zuerst die romantische. Eleonore war die Enkelin Herzog Wilhelms IX. von Aquitanien, eines Fürsten, der mächtiger war als der französische König – und der erste Troubadour. Er sang in der Sprache seiner Heimat Liebeslieder und begründete damit eine Mode, eine kulturelle Innovation, einen frühen Höhepunkt der mittelalterlichen Adelskultur. In diesem Milieu wuchs die Erbin des Landes auf und diesem hing sie an, als sie Königin, zuerst von Frankreich und dann von England, geworden war. Ihre Rolle in den Liebesurteilen bei Andreas bezeugt dies ebenso wie ihre Förderung der Troubadours. Der bedeutendste unter ihnen war Bernart von Ventadorn. Er hatte gesungen:

„Kein Wunder ist es, dass ich besser singe,
als jeder andre Troubadour …
In hoher Treue und ohne Trug
lieb' ich die schönste und die beste …"

War Eleonore diese Angebetete? Richtete er an sie seine Werbe-lieder? Das ist gut vorstellbar. Vielleicht erfreute sich der Sänger sogar der heimlichen Liebe der Königin.

Mit 15 Jahren wurde sie aus dem sinnenfrohen Süden in den kargen Norden gebracht: als Ehefrau des französischen Königs Ludwig VII. Es war eine politische Ehe, und sie wurde immer unerträglicher für Eleonore. Nicht nur, dass sie ihre höfischen Feste mit den Troubadours und den glänzenden Turnieren ver-misste; Ludwig erwies sich auch als kirchenhörig und asketisch. Sie habe in ihm mehr einen Mönch als einen König gefunden, soll sie gesagt haben. Statt Liebesliedern gab es an seinem Hof lateinische Diskussionen über theologische Fragen. Kein Wunder, dass sie sich auf dem Kreuzzug ins Heilige Land in ihren Onkel Raimund von Antiochia verliebte, einen eleganten Mann mit orientalischem Flair. Auch den Sultan Saladin, den Hauptgegner der Christen, bezauberte sie. Mit beiden soll sie Affären gehabt haben. Ihr Mann fand nun selber, dass eine Trennung unausweichlich sei.

Sein geistlicher Berater, der ihn immer wieder ermahnt hatte, an der Ehe festzuhalten, war gestorben. Damit war der Weg frei für eine Ungültigkeitserklärung. Wenn im Mittelalter eine Adels-ehe aufgelöst werden sollte, wurden die Genealogen beauftragt, eine zu nahe Verwandtschaft der Eheleute nachzuweisen, denn dann war zwischen ihnen keine gültige Ehe möglich. Nach die-sem Muster wurden Ludwig und Eleonore geschieden. Sie hatte sich schon neu verliebt: in den jungen Heinrich von Anjou.

Er war ein glänzender Ritter, ein gewandter Hofmann und Erbe eines wichtigen Landes, vereinte also alle Eigenschaften, die ein Mann an ihrer Seite besitzen sollte. Außerdem kannte sie seinen Vater und hatte auch mit diesem eine Beziehung gehabt. Sie ergriff die Initiative. Gleich nach der Trennung von Ludwig ritt sie in Männerkleidung zu Heinrich und bat ihn um Schutz.

Zwei Monate später heirateten die beiden. Jetzt gab es endlich höfische Feste mit Liebesliedern und Turnieren. Eleonore hatte das wiedergefunden, was sie so lange vermisst hatte. Heinrich war, anders als Ludwig, kein Mönch, sondern ein feuriger Liebhaber. Als er im Jahre 1154 König von England wurde, war sie die Herrin des glänzendsten Hofes in Europa. Nicht nur die Troubadours waren dort heimisch, sondern auch die Erzähler. Der ‚Erec' von Chrétien de Troyes könnte dort entstanden sein, und vor allem der Tristanroman, die Geschichte der gesetzlosen Leidenschaft, etwas, was Eleonore selbst nicht fremd war. Magister Wace widmete ihr seine Geschichte der Briten.

Eleonore gebar fünf Kinder, vier von ihnen waren Jungen. An Richard, dem drittältesten (der älteste war als Kind gestorben), hing sie besonders, er war die eigentliche Liebe ihrer späteren Jahre, denn Heinrich gab ihr wenig Halt, er war kein treuer Ehemann. Solange es kurzfristige Liebschaften waren, konnte sie Verständnis aufbringen, aber die lange leidenschaftliche Beziehung zu Rosamund Clifford, der schönen Rosamund, wollte sie nicht dulden. Dass sie sie zu einem vorgetäuschten Stelldichein gelockt und ihr die Augen ausgestochen oder ihr die Wahl zwischen tödlichem Gift und dem Dolch gelassen habe, gehört wohl in den Bereich der Sage. Aber dass sie gegen ihren Mann politisch revoltierte, ist belegt: Sie schloss sich dem Aufstand ihrer Söhne an, die an der Macht beteiligt werden wollten und sich vom Vater hingehalten und übertölpelt fühlten.

Es gelang Heinrich, den Aufstand niederzuschlagen. Eleonore wurde unter Bewachung gestellt. Der König erwog zwar die Scheidung, aber Eleonore war ihm politisch unersetzbar: Sie war schließlich Herrin über fast ganz Südfrankreich. Als Heinrich im Jahre 1189 starb, war eine der ersten Handlungen des Thronfolgers Richard, seine Mutter von der strengen Aufsicht zu befreien. Eleonore suchte für ihren Liebling die Braut aus;

als Richard auf der Rückkehr vom Kreuzzug in Deutschland gefangen genommen wurde, brachte sie die 100.000 Pfund Silber Lösegeld persönlich nach Mainz und holte ihren Sohn ab. Sie überlebte ihn. Als sie 1204 starb, wurde sie in der Abteikirche von Fontevraud begraben, neben Heinrich und Richard, den beiden Männern, die sie in ihrem Leben am meisten geliebt hatte.

Die politische Lesart ihrer Lebensgeschichte bewertet wichtige Ereignisse anders, vor allem die Ehe mit Heinrich. Eleonore hatte Ludwig keinen Sohn geboren; in 14 Jahren waren zwei Mädchen zur Welt gekommen, jedoch kein Thronfolger. So war es nicht persönliche Abneigung, sondern politische Notwendigkeit, dass der französische König die Ehe aufheben ließ und eine neue einging.

Eleonore musste nach der Trennung vom französischen König tatsächlich einen mächtigen Beschützer finden, und der mächtigste war der junge Heinrich von Anjou. Es gab auch andere Bewerber um ihre Hand, und sie hätten nicht gezögert, sich der reichsten Erbin des Kontinents auch mit Gewalt zu bemächtigen. Für den Grafen von Anjou war die Ehe mit Eleonore ein machtpolitischer Coup. Sie brachte ihm das Herzogtum Aquitanien und machte ihn damit zum mächtigsten Herrn in Frankreich.

Ob Eleonore die Troubadours förderte, lässt sich nicht mit Sicherheit sagen, wohl aber, dass es ihr Gemahl Heinrich tat. Und dass der Magister Wace Eleonore seine Vershistorie dedizierte, hatte keine persönlichen, sondern politische Gründe. Es sollte der Eindruck erweckt werden, die landfremde Südfranzösin identifiziere sich mit der Geschichte Englands. Unstrittig sind ihre politischen Aktivitäten: Wenn sie den Aufstand der Söhne unterstützte, so hatte es vermutlich wenig mit der schönen Rosamund zu tun, sondern damit, dass der Vater im Lande Eleonores, in Aquitanien, weiterhin die Macht ausübte und sich weigerte, sie mit den Söhnen zu teilen. Sie wollte ihr zustehende Rechte nicht aufgeben und erhielt sie, 13 Jahre nach dem Aufstand, wenigstens formell. Ein zeitgenössischer Geschichtsschreiber würdigt sie: „Sie war eine sehr kluge Frau von hoher Abkunft, aber unbeständig."

Sie hatte schon zu Lebzeiten den Ruf, das zu tun, was für adlige Männer selbstverständlich war, nämlich ihren Leidenschaften zu folgen. Dass Bernart von Ventadorn zu ihren Liebhabern gehörte, wie es dessen fabulierte Lebensgeschichte aus dem 13. Jahrhundert behauptet, ist eher unwahrscheinlich, denn er war von niedriger Herkunft, und das war in den Augen Eleonores ein zu großer Mangel. Wenn der Kaplan Andreas sie zur Richterin in Liebesangelegenheiten macht, so ist das ein ironischer Reflex ihres Rufes, denn sie entscheidet sich in der Literatur genau anders als in ihrem Leben, wo sie den jungen Mann wählte, nämlich Heinrich. Das war letztlich sicher kein Fehler.

Heinrich II. König von England (1133–1189)
Eleonore von Aquitanien (1122–1204)

Siegfried und Kriemhild

Liebe, Tod und Rache

„Das trug mein holder Geliebter, als ich ihn zum letzten Mal sah", sagt Kriemhild, als sie Siegfrieds Schwert erblickt, das der gefesselte Hagen an seiner Seite trägt. Sie nimmt es und schlägt Siegfrieds Mörder den Kopf ab.

Kriemhild ist die Hauptgestalt des Nibelungenliedes, Siegfried, der um sie wirbt, ein höfischer Prinz. Er entbrennt in Fernliebe, in Liebe vom Hörensagen, zu ihr und gewinnt sie durch kriegerischen Dienst für ihre königlichen Brüder. Zu diesen Leistungen zählt der trugvolle Erwerb Brünhilds für Gunther. Dass diese ursprünglich einmal seine Verlobte oder Frau war, dafür gibt es nur noch wenige Indizien. Aber auch wenn es kein Liebesverrat gewesen sein sollte, seine Rolle bei der schmählichen Täuschung gibt den Anlass für seine Ermordung, allerdings tritt die Tatsache, dass er den Königen zu mächtig wurde, hinzu. Die Liebe zwischen Kriemhild und ihm entfaltet sich in höfischem Glanz. Mit seinem Tod verliert Kriemhild nicht nur ihren Gemahl, der ihre gesellschaftliche Position sicherte, sondern auch ihren Liebsten. Diese Liebe ist eine Utopie in der höfischen Adelsgesellschaft. Sie gewinnt eine archaische Dimension durch den nie erlöschenden unbedingten Rachewillen Kriemhilds, der in ihrer Liebe gründet. So leuchtet auch über dem Untergang der Nibelungen der Stern des großen Gefühls.

In Xanten am Niederrhein wuchs Siegfried heran, der Sohn des mächtigen Königs Siegmund und seiner Gemahlin Sieglinde. Man erzog ihn so, wie es sein hoher Stand verlangte, und bei einem großen Fest empfing er mit seinen Freunden das Schwert. Seither suchte er jede Gelegenheit zum Kampf, und er erwarb immer den höchsten Ruhm. Eines Tages hörte er von einer wunderbar schönen jungen Frau in Burgund: Kriemhild hieß sie. Sie hatte bisher alle Bewerber um ihre Hand

Aventewr wie Seyfrid chriemhilden erste sach

Man sach sy taglichen reiten an den rein
Die zu der hochzeite geren wolten sein
Die durch der kunige liebe chamen in daz lant
Den gab man zumelichen baide ros vnd gewant

Vnd waz ir gesidel allen wol berait
Den hochsten vnd den pesten als vns ist gesait
Zwen vnd dreissig fursten da zu der hochzeit
Da zieret sich engegen vil manig Junckfraw gemait

Es waz vil vmmussig geyselher daz chind
Die fremden vnd ir magge vil gutlichen sind
Enpfangen von gernote vnd auch ir baider man
Ja grussten sy die degen als es nach eren waz getan

Die goldvarben satel sy prachten in daz land
Die zierlichen schilte vnd heilich gewant
Durch des wirtes liebe zu der hochzeit
Vil mangen vngesunden sach man frolich seit

Die in den peten lagen vnd heten wunden rot
Die musten des vergessen wie herte waz der tot
Die siechen vnd gesunden musten sy verclagen

zurückgewiesen. Siegfried beschloss, sich um ihre Liebe zu bemühen. Als seine Eltern erfuhren, dass er Kriemhild heiraten wollte, machten sie sich große Sorgen um ihren Sohn, denn am Burgundenhof gab es einen besonders tapferen und gefährlichen Kämpfer: Hagen. Doch Siegfried traute sich zu, die junge Frau zu gewinnen, wenn es sein musste, auch mit Gewalt. Man rüstete ihn prächtig aus, mit zwölf Gefährten zog er an den Hof König Gunthers nach Worms. Dieser und seine Brüder Gernot und Giselher hatten ihre Schwester Kriemhild in ihrer Obhut. Als Siegfried dort ankam, begrüßte man ihn höfisch. Der junge Held aber wollte kämpfen, die Herrschaft und die Frau mit Waffen gewinnen. Die Burgunden redeten ihm das aus, man wolle Freundschaft schließen.

Hier stehen zwei Herrschaftsmodelle nebeneinander: Siegfried vertraut auf seine Kraft und die daraus abgeleitete Gewalt, Gunther hingegen setzt auf Verhandlungen, er ist der institutionelle Herrscher, der seine Macht aus der Zusammenarbeit gewinnt.

Bald war Siegfried ein gern gesehener Gast am Hof, im Turnier zeichnete er sich vor allen anderen aus. Aber in seinen Gedanken beschäftigte ihn nur die junge Frau, und sein Herz war von Sehnsucht nach ihr erfüllt. Auch Kriemhild, die ihn noch nicht gesehen hatte, dachte oft an den jungen Helden aus Xanten, von dessen Schönheit und Turniererfolgen man ihr erzählt hatte. Sie verfügen also über die idealtypischen Eigenschaften. Liebe vom Hörensagen ist die literarische Gestaltung der realen Situation im Adel, dass häufig zwei einander unbekannte Part-

Gegenüber: Siegfrieds erste Begegnung mit Kriemhild an der Königsburg Worms. Miniatur aus dem Hundeshagenschen Kodex.
Staatsbibliothek Berlin, Preußischer Kulturbesitz; Ms. germ. fol. 855,
15. Jahrhundert, fol. 17v.

ner heiraten, nur aufgrund ihrer gesellschaftlichen Stellung.
Als die Sachsen und die Dänen die Burgunden angriffen, bot
Siegfried an, ihnen beizustehen. In den Schlachten zeichnete
er sich vor allen aus; als Kriemhild das berichtet wurde, errötete
sie vor Freude. Der Sieg wurde mit einem großen Fest gefeiert.
Die schönen Frauen und Mädchen sollten teilnehmen, um die
Krieger zu erfreuen. Prächtige Kleider wurden aus den Truhen
geholt, Bänder und Armreifen, und die Frauen schmückten sich.
Als sie aus den Gemächern in den Burghof schritt, zog Kriemhild alle Blicke auf sich. Sie übertraf alle an Schönheit, so wie
der Mond die Sterne überstrahlt. Alle Krieger freuten sich an
diesem Anblick, nur Siegfried war voller Sorge: „Wie könnte es
möglich sein, dass ich deine Liebe gewinne?", dachte er bei
sich. „Wenn mir das nicht gelingt, möchte ich lieber tot sein."
Gernot sagte zu seinem Bruder Gunther: „Lasst Siegfried zu
Kriemhild gehen. Sie soll ihn mit ihrem Gruß auszeichnen,
damit wir ihn zum dauernden Bundesgenossen gewinnen."
Den Helden machte die Nachricht glücklich. Er trat vor Kriemhild, sie errötete und begrüßte ihn höfisch. Er verneigte sich
vor ihr, und sie nahm seine Hand. Sie blickten einander verliebt
an und heimlich drückte er ihre Hand. Viele Ritter dachten:
„Dürfte ich mit ihr gehen wie er, das würde mir gut gefallen."
Alle schauten nur die beiden an, als sie Siegfried nach königlicher Sitte küsste. Sie gingen gemeinsam zum Münster, Siegfried konnte das Ende der Messe kaum erwarten, so gerne
wollte er wieder mit Kriemhild sprechen. Als sie ihm dankte,
dass er ihren Brüdern geholfen hatte, sagte er: „Edle Kriemhild!
Mir geht es nur um Eure Huld!"
In den nächsten Tagen fand man sie stets bei Siegfried, wenn
sie zur Hofgesellschaft kam. Ihr zuliebe blieb er bei Gunther
und dessen Brüdern. Nun hatte dieser beschlossen zu heiraten.
Er hatte sich eine gefährliche Braut ausgesucht: Brünhild, die

Königin von Island. Wer um sie werben wollte, musste sie in drei Wettkämpfen besiegen: im Speerwerfen, Steinschleudern und Weitspringen. Wenn er auch nur in einem unterlag, kostete ihn das den Kopf. Viele Helden hatten schon ihr Leben verloren. Siegfried riet ihm ab: Diese Frau sei zu stark für ihn. Da schlug Hagen vor, jener solle ihm Beistand leisten. Siegfried war einverstanden. „Wenn du mir deine schöne Schwester gibst, will ich dir helfen", sagte er zu Gunther. Und dieser stimmte zu: „Sobald die schöne Brünhild mir in dieses Land folgt, erhältst du meine Schwester zur Frau." So wurde es mit Eiden bekräftigt. Gemeinsam fuhren Gunther und Siegfried nach Island. Dort gab dieser sich als Gunthers Vasall aus, um bei Brünhild keinen Verdacht zu erwecken, er könnte der Werber sein. Dann hüllte er sich in seinen Tarnmantel und übernahm unsichtbar für Gunther die Wettkämpfe. Brünhild wurde betrogen – und besiegt. Sie kam mit Gunther in das Burgundenland, und der König fragte Kriemhild, ob sie willens sei, seinen Schwur einzulösen. Sie antwortete, er brauche sie nicht darum zu bitten, sie nehme den Helden mit Freuden zum Mann. Bei der Hochzeit empfand Brünhild nie gefühltes Leid, als sie Kriemhild neben Siegfried sitzen sah. Dass ihre Schwägerin einen niederen Vasallen heiratete, wie sie glauben musste, betrachtete sie als Kränkung der eigenen Ehre.

Man hat in diesen Emotionen Reste einer früheren Beziehung zwischen Siegfried und Brünhild erkennen wollen: Als ob sie nicht nur als herausragende Helden füreinander bestimmt, sondern auch miteinander verlobt gewesen seien. Der Dichter des Nibelungenliedes lässt jedoch diese Perspektive bewusst nicht zu.

Brünhilds Verunsicherung zeigte sich in der Hochzeitsnacht. Während Siegfried und Kriemhild die lange gewünschten Liebesfreuden genossen, verweigerte sie sich ihrem Ehemann. Sie wolle die Wahrheit über Siegfried erfahren, so lange werde sie ihre Jungfräulichkeit bewahren, erklärte sie. Als Gunther ihre Hingabe zu erzwingen versuchte, nahm sie ihren Gürtel und fesselte ihn damit an Händen und Füßen, dann hängte sie ihn an einen Nagel an der Wand. Sie kümmerte sich nicht um ihn, und er musste die ganze Nacht so hängen. Am Morgen schwor er ihr, sie nicht zu berühren, und sie ließ ihn frei.

Als die beiden Paare den kirchlichen Segen empfangen hatten, herrschte große Freude. Nur Gunther war niedergeschlagen. Als Siegfried das bemerkte, fragte er den König, wie es ihm in der Nacht ergangen sei. Und er berichtete ihm, was geschehen war. Daraufhin sagte ihm der starke Siegfried zu, seine Frau für ihn zu bezwingen. Gunther war einverstanden, nur dürfe er nicht mit seiner Frau schlafen, Siegfried versprach es ihm. Abends ging er zuerst zu Kriemhild und beide umarmten sich in liebevollem Begehren. Doch dann musste Siegfried seine Zusage einlösen. Er stahl sich fort zu Brünhild und versuchte, sie zu überwältigen. Er musste alle Kräfte einsetzen, fast hätte sie ihm das Leben genommen. Doch schließlich fand der Kampf ein Ende. Sie versprach, sich nicht mehr gegen sein Begehren zu wehren. Er ließ sie auf dem Bett liegen, vorher aber streifte er ihr einen goldenen Ring vom Finger, auch ihren Gürtel nahm er mit. Dann kam Gunther und umarmte sie. Sie verlor ihre Jungfräulichkeit und damit auch ihre übergroße Kraft. Siegfried eilte zurück zu Kriemhild. Ring und Gürtel verbarg er zunächst, doch nach der gemeinsamen Rückkehr in sein Reich gab er ihr seine Beute.

Als König Siegmund und Sieglinde erfuhren, dass ihr Sohn mit seiner schönen Frau kommen würde, waren sie sehr glücklich und richteten alles für die Krönungsfeier aus. Als das Paar kam, küssten Siegmund und Sieglinde vor Freuden zuerst Kriemhild und dann ihren geliebten Sohn, darauf übergab der alte König ihm die Herrschaft, und es gab ein Fest, noch prachtvoller als die Hochzeitsfeier im Burgundenland. Zwölf Jahre lebte das Paar in hohen Ehren, dann brachte Kriemhild einen Sohn zur Welt, der nach ihrem Bruder Gunther genannt wurde. Zu eben dieser Zeit starb Sieglinde. Die junge Königin übernahm all das, was einer mächtigen Herrin zukam. Siegfried herrschte über sein Land und das Land der Nibelungen, das er in seiner Jugend gewonnen hatte, zusammen mit dem Hort, dem größten Schatz, den je ein König zu erringen vermochte.

Brünhild hatte ebenfalls einen Sohn geboren, der Siegfried getauft wurde. Sie grämte sich immer wieder darüber, wie Kriemhild so stolz sein könnte, wo sie doch nur einen Vasallen geheiratet hatte. Und sie wunderte sich, warum von dessen Land niemals Zins bezahlt wurde. Darum bat sie Gunther, seine Schwester zusammen mit Siegfried einzuladen. So, meinte sie, könnte sie hinter das Geheimnis kommen. Als in Xanten die Einladung ankam, machten sich Kriemhild und Siegfried sogleich auf.

In Worms feierte man ihr Kommen mit einem großen Fest. Elf Tage lang blieb die Freude ungetrübt, dann wollte Brünhild endlich die Wahrheit wissen. Die beiden Frauen saßen beieinander und sprachen über ihre Männer. Kriemhild rühmte Siegfried, er sei so unübertrefflich, dass ihm die Herrschaft über alle Reiche zustünde. Brünhild erwiderte, so lange Gunther lebe, gäbe es noch einen besseren, ihn müsse man vor allen Königen rühmen. Sie erinnerte ihre Schwägerin daran, dass sich Siegfried selbst Eigenmann Gunthers genannt habe, als dieser um sie warb. „Eigenmann?", entgegnete Kriemhild. „Keinesfalls. Meine Brüder hätten einer solchen Heirat nicht zugestimmt. Mein Mann ist besser als König Gunther." Da wurde Brünhild zornig: „Wir werden sehen, ob man dir die gleiche Ehre erweist wie mir!" Kriemhild antwortete kühl: „Das wird gleich klar werden.

Da chamen in die mere die frawen vitendan
den edlen kúnigynne volget manger chúner man
¶ Sy stunden vor dem múnster ander auf daz graß
prawnhild von gesten darnoch vil weye vurz
By giengen ander der throne in daz múnster weit
dew lieb wurs seit gestanden daz frúmte grosser neit
¶ Do sy gehorten messe sy fúrten ander dan
mit vil manygen eren man sach sy seider gan
Ze distso frólichse frewde nie gelag
da ze der hochzeite vntz an den aylfften tag /

Alle Gefolgsleute werden sehen, dass ich vor dir die Kirche betrete."

Damit war Feindschaft zwischen beiden ausgebrochen. Sie zogen mit ihren Hofdamen vor das Münster. Brünhild verwehrte Kriemhild den Vortritt. „Halt! Niemals soll die Dienerin vor der Königsgemahlin gehen!" Kriemhild entgegnete voll Zorn: „Hättest du geschwiegen! Wie kann eine Kebse Frau eines Königs sein!" „Wer ist hier eine Kebse?" – „Du! Siegfried hat dich zuerst besessen, ich beweise es mit dem Ring und mit dem Gürtel. Den brachte mir mein Geliebter, nachdem er mit dir geschlafen hatte." Brünhild weinte, Kriemhild betrat als erste das Münster. Alle Burgunden sahen es. Gunther zog Siegfried zur Rechenschaft: „Meine Frau sagt mir, du hättest dich gerühmt, als Erster mit ihr geschlafen zu haben." Siegfried schwor vor allen Leuten, dass das nicht wahr sei. Brünhild aber verfiel in solche Trauer, dass alle Mitleid mit ihr empfanden. Hagen erklärte, Siegfried müsse für die Tränen seiner Königin büßen.

Gunther und seine Brüder wollten zunächst nicht, dass Siegfried etwas geschähe. Hagen aber redete ihnen zu, dass ihnen viele Reiche zufielen, wenn der Held nicht mehr lebte. So beschlossen sie Siegfrieds Tod. Sie erdachten eine List: Wenn man einem Kriegszug vortäuschte, könnte man Siegfried im Kampf unversehens töten. Hagen wollte von Kriemhild die Stelle erfahren, an der Siegfried verwundbar war. In seiner Jugend hatte der nämlich einen Drachen getötet und in dessen Blut gebadet, davon hatte er seine Hornhaut, die ihn seither schützte, nur an einer Stelle nicht: Ein Lindenblatt war zwischen seine Schultern

hubschen mit den frawen das sey in lieb getan
¶ So sprach der starck Sersid mit herlichem sit
wenn ir jagen reittent da wil gerne mit
So sult ir ime leihen einen schutz man
Und ettlichen practen so wil ich reiten in dein tan
¶ Welt ir nicht niemen einen sprach der kunig ze hant
Ich leihe ew welt ir viere den vil wol ist bekant
Der walt und auch die stone wa die diere hyne gaund
Die euch nicht verweise ze den herbergen reiten laund
¶ Do rait zu seinem weibe der reck vil gemait
schier het hagen den kunig gesait
wie er gewinnen wolte den trewlichen degen
Auff grosser untrewen solte nimm͛ man gephlegen

gefallen, dort konnte man ihn töten. Hagen beredete Kriemhild. Er wolle ihren Mann im Kampf schützen, daher müsse er die Stelle kennen. Sie ließ sich täuschen und nähte ein Kreuz auf sein Gewand an die Stelle, an der er verwundbar war.

Sie zog Hagen ins Vertrauen und wollte ihn dadurch binden, dieses nicht auszunutzen. Die Kriegsfahrt wurde abgesagt, stattdessen eine Jagd angesetzt. Als Siegfried viele Tiere erlegt hatte und sich nach einer Quelle bückte, um zu trinken, rammte ihm Hagen den Speer zwischen die Schultern. So starb Siegfried. Hagen ließ den Leichnam vor die Kemenate tragen, in der Kriemhild schlief. Als sie morgens zur Messe gehen wollte, fand sie ihren toten Mann. Alle ihre Freude war für immer zerstört. Sie nahm seinen schönen Kopf in ihre weißen Hände und rief: „Du bist ermordet worden! Wer das getan hat, der muss sterben." Niemand vermochte sie zu trösten. Drei Tage und drei Nächte hielt sie die Totenwache. Als Siegfried begraben werden sollte, ließ sie den Sarg öffnen. Sie küsste ihren Geliebten und weinte blutige Tränen. Dann fiel sie zu Boden. Einen Tag und eine Nacht lag sie in Ohnmacht. Als sie erwachte, befahl sie, ihr eine Wohnung neben dem Münster zu errichten. Keinen Tag verzichtete sie darauf, das Grab Siegfrieds zu besuchen. Später aber übte sie schreckliche Rache. Hagen und ihr Bruder Gunther, ja, alle Burgunden mussten ihr Leben verlieren wegen Siegfrieds Tod. „Meinen holden Geliebten", nennt sie ihn mit ihren letzten Worten.

Das Nibelungenlied (um 1200)

Gegenüber: Siegfrieds Tod; rechts neben Siegfried steht sein Mörder Hagen mit dem Bogen in der Hand. Miniatur aus dem Hundeshagenschen Kodex.
Staatsbibliothek Berlin, Preußischer Kulturbesitz; Ms. germ. fol. 855, 15. Jahrhundert, fol. 58v.

Sigurd
und Brynhilde

Die tödliche Liebe
der Helden

„Männer und Frauen müssen lange zu Last und Leid im Leben weilen – doch wir wollen die Welt verlassen, Sigurd und ich". Das sind die letzten Worte der Walküre Brynhilde. Sigurd und Brynhilde sind beide Heroen, halbgöttliche Menschen. So erzählen es die altisländischen Eddalieder. Sie ist eine Walküre, bei seiner Zeugung war der höchste Gott, Odin, mittelbar beteiligt: Er hatte mit Hilfe eines Apfels die Ehe der Eltern fruchtbar gemacht. Aber auch die Liebe von Helden endet tragisch. Wie in den Feengeschichten ist es der Mann, der die Bindung an eine übermenschliche Frau nicht aushält. Hier wendet er sich (ähnlich wie in den Undine-Erzählungen) einer Menschenfrau zu und bricht die Treue. Hinzu kommt ein Männerbund mit Gunnar, dem neu gewonnenen Schwager, der sich gegen Brynhilde richtet und zum Betrug an ihr führt. Um die Heldenfrau zu gewinnen, muss er eine Freier-probe bestehen, durch ein Feuer reiten, was kein Menschen-mann vermöchte. Letztlich kostet dieser Verrat Sigurd das Leben – aber auch Brynhilde geht in den Tod.

Sigurd war der stärkste und tapferste Kämpfer, den es je gab. In seiner Jugend hatte er eine besondere Heldentat begangen: Er hatte den Drachen Fafnir getötet und seinen großen Goldschatz erbeutet. Als er das Blut des Drachen von seinem Finger leckte, konnte er die Vogelsprache verstehen. Und die Adlerinnen rieten ihm, auf einen Berg zu reiten, wo eine Jungfrau im Harnisch schlafe. Sie sollte er wecken, und sie würde ihn Weisheit lehren. So brach er auf und fand den Berg, von dem ein helles Licht leuchtete, als brenne ein Feuer. Er ritt hindurch und fand einen Ring von Schilden. In ihm lag ein Mensch und schlief in voller Rüstung. Sigurd zog ihm den Helm vom Haupt und erkannte, dass es eine Frau war. Er wollte die Rüstung lösen, aber sie war fest, als wäre sie angewachsen.

Mit seinem scharfen Schwert zerschnitt er die Brünne und die Frau erwachte. Sie begrüßte feierlich die Sonne und den Tag. „Wer zerschnitt mir die Brünne? Lange schlief ich, ich wusste nicht, den Schlummerzauber abzuschütteln." Die Frau hieß Brynhilde und war eine Walküre. Sie erzählte Sigurd, wie sie gegen das Gebot des Gottes Odin verstieß und von zwei Königen dem den Sieg verlieh, den Odin zum Unterliegenden bestimmt hatte. Der Gott hatte sie deshalb mit dem Schlafdorn gestochen und verfügt, sie müsse sich dem vermählen, der sie wecke. Brynhilde gelobte, nie einen zum Mann zu nehmen, der sich fürchtete.

Als Sigurd ihr seine Geschichte erzählt hatte, wusste sie, dass sie den Furchtlosen gefunden hatte. Sigurd bat sie, ihn Weisheit zu lehren, und sie lehrte ihn Siegrunen, Brandungsrunen, Arztrunen, Gerichtsrunen, Machtrunen und viele andere, die ihm in allen Lebenslagen helfen würden. Sie riet ihm, Freundestreue zu üben, keinen Meineid zu schwören und sich von schönen Frauen nicht verführen zu lassen. Sigurd sprach: „Keine weisere Frau ist zu finden als du es bist. Ich schwöre, dass ich dich haben will und niemanden sonst, denn du bist nach meinem Sinn." Brünhild antwortete: „Ich will dich und keinen anderen, auch wenn ich unter allen Männern wählen könnte." Das befestigten sie untereinander mit Eiden. Sie hatten damit die Ehe geschlossen.

Sigurd aber ritt nach Heldensitte wieder auf Abenteuer aus und kam an den Hof des mächtigen Königs Gjuki und seiner Frau Grimhild. Als sie merkten, wer ihr Gast war, wollten sie den Helden an sich binden. Grimhild plante, ihn mit ihrer Tochter

Gegenüber: Sieg des Helden Sigurd über den Drachen Fafnir.
Detail vom Portal der Stabkirche von Hyllestad, Setesdal, Norwegen,
12. Jahrhundert.

Gudrun zu verheiraten, und betörte Sigurd so, dass er Brynhilde vergaß, sich der schönen Königstocher zuwandte und um sie warb. Um sie zur Frau zu erhalten, musste er einen Eid schwören, mit ihrem Bruder Gunnar eine Brautwerbungsfahrt zu unternehmen, da dieser noch unverheiratet war. Er hatte seinen Sinn auf die Walküre gesetzt, die auf dem brennenden Berg saß. Doch die Freierprobe, den Flammenritt, traute er sich nicht zu. Sigurd sollte ihm helfen. Dem war seine Verbindung mit Brynhilde aus dem Gedächtnis gelöscht. Er und Gunnar schworen einander ewige Freundschaft. Der Drachentöter versprach, für ihn durch das Feuer zu reiten. Zu diesem Zweck tauschten sie unterwegs die Gestalt. Sigurd drang durch die Lohe und zwang Brynhilde, die ihn für Gunnar hielt, ihn als Ehemann anzunehmen. Jedoch legte er des Nachts ein scharfes Schwert zwischen sich und die Walküre und ruhte neben ihr wie ein Bruder neben seiner Schwester. Nach drei Nächten führte er sie Gunnar zu, der sie zur Frau nahm und an seinen Hof führte, wo auch Sigurd und Gudrun lebten.

Brynhilde hatte die Täuschung nicht bemerkt, fühlte sich aber schlecht verheiratet, da Gunnar nicht so heldenhaft war, wie sie erwartet hatte, vor allem aber brannte ihre Liebe zu Sigurd in ihr, und sie sagte zu sich selber: „Sterben will ich oder Sigurd in meinen Armen halten." Die Vorstellung, dass Sigurd mit Gudrun das Ehegemach teilte, erfüllte sie mit heißem Zorn. Sie wandte sich an ihren Ehemann Gunnar und sagte: „Du musst auf mich verzichten. Ich will zurück dorthin, wo ich her kam. Ich hätte nie mit dir ziehen dürfen. Ich will nicht mit zwei Männern am Hofe leben. Sigurd muss sterben oder ich gehe für immer." Gunnar war voller Trauer. Durfte er den Freund ermorden, die Eide brechen, die sie geschworen hatten? Er bedachte lange die Folgen: Entweder würde er meineidig oder verlöre die Ehre, wenn Brynhilde ihn verachtungsvoll verließe und die Königswürde für nichts erachtete. Deshalb ließ er seinen Bruder Högni kommen und vertraute sich ihm an: Lieber wolle er sein Leben lassen als auf Brynhilde verzichten. Also müsse Sigurd sterben. Dann würden sie zudem seinen Goldschatz gewinnen. Aber Högni lehnte ab: „Es ist nicht erlaubt, geschworene Eide mit dem Schwert zu brechen." An den Treueschwüren hatte der jüngste der Brüder, Guttorm, nicht teilgenommen. Ihn stifteten sie zum Mord an Sigurd an. Als dieser schlief, stach ihm Guttorm das Schwert ins Herz. Gudrun, die neben ihm lag, erwachte, bedeckt von seinem Blut. Sigurd versicherte sterbend, er habe seinen Eid gegenüber Gunnar gehalten und Brynhilde in der Hochzeitsnacht nicht angerührt. Gudrun stieß einen gellenden Schrei aus, Brynhilde hörte ihn und lachte aus ganzem Herzen – ein letztes Mal. Als Gunnar ihr das Lachen verwies, erinnerte sie ihn an den Betrug bei der Werbung, der ihr nunmehr klar geworden war. Sie hatte sich Sigurd versprochen, der alle Helden übertraf. Nur ihn habe sie geliebt. Dann brach sie in Tränen aus, sie ergriff das Schwert und niemand versuchte, sie daran zu hindern, dass sie sich den Stahl ins Herz stieß. „Schamlos habt ihr mich hintergangen", rief sie. „Mein Leben war mir verhasst. Eine Bitte habe ich noch: Rüstet mir den Scheiterhaufen neben dem Sigurds. Legt dazu das Schwert, das er zwischen uns legte, als wir das Brautbett bestiegen. Gemeinsam werden wir zur Unterwelt fahren, Sigurd und ich, für immer vereint." Dann schloss sie die Augen. Man erfüllte ihr ihren letzten Wunsch.

Eddalieder: Das Alte Sigurdlied, Das jüngere Sigurdlied, Die Erweckung der Walküre, Brynhildes Helfahrt

Tannhäuser und Venus

Liebe und ewige Verdammnis

„Ich bin sieben Jahr im Berg gewest / Mit Frau Venus der Teufelin", das bekennt der Ritter Tannhäuser in der spätmittelalterlichen Ballade.

In der antiken Literatur gibt es sie häufig: die Götterliebschaften, die Verbindung eines göttlichen Wesens mit einem Menschen. Im Christentum verlagert sich die Perspektive auf den menschlichen Partner, man sieht darin Abgötterei, Götzendienst. Tannhäuser sündigt nicht durch unmäßigen Liebesgenuss mit Venus, sondern durch die Hingabe an die heidnische Göttin. Das muss er bereuen und dem Papst beichten, doch die Lossprechung wird ihm verweigert. Hatte er seine Todsünde nicht wirklich bereut? Oder hat der Papst sein Amt missbraucht, wenn er ihm die Absolution nicht erteilte? Die verschiedenen Versionen der Tannhäuserballade finden unterschiedliche Antworten. Gemeinsam ist allen Fassungen, dass Tannhäuser in den Venusberg zurückkehrt.

Krieger und Minnesänger war er, der vermutlich aus Tannhausen bei Nürnberg stammende Ritter, den man den Tannhäuser nannte. Auf der Kreuzfahrt von 1229 zog er durch Zypern, Armenien und Antiochien, und als er zurückkehrte, ging er an den Hof von Wien. Dieser war besonders der Minnesangkunst zugetan, aber man schätzte nicht die Wiederholung immer ähnlicher Liebesklagen und -bitten, sondern wollte Neues, suchte Abwechslung. Der Tannhäuser konnte diese Erwartungen bedienen. Er sang freche Tanzlieder, in denen weibliche Schönheit ausführlicher gepriesen wurde als üblich:
„Ihr Körper ist so wunderschön,
sie ist zur Liebe wie geschaffen,
so gebaut, wie man sich's wünscht.
Auf ihrer Hüfte soll
ein schmaler Gürtel liegen,

der soll senken sich hinab
bis zu der Stelle, wo
man mit ihr tanzt
den allerschönsten Tanz ..."

Solche Töne hörten die Jungen gerne, und der Tannhäuser
sang ihnen von Liebesfreuden, wie sie sie auf ausgelassenen
Festen suchten und fanden. Er selbst aber war dieser Abenteuer bald überdrüssig; wenn er nicht als Sänger auftreten
musste, zog er sich zurück und ritt allein durch die Wälder.
Eines Tages begegnete ihm dort ein Zwerg. Dieser sprach ihn
an: „Du bist doch der Tannhäuser, der so schön von den Frauen
und der Liebe singt. Meine Herrin bietet dir ihren Gruß und
lädt dich ein zu ihr." „Wer ist deine Herrin?", fragte der Ritter.
„Du wirst sie sehen und erkennen. Folge mir!" Neugierig geworden ritt der Tannhäuser hinter dem Zwerg her, bis sie zu einer
Höhle kamen. Dort band er sein Pferd an einen Baum und
folgte dem kleinen Mann in die Dunkelheit. Doch bald wich
sie blendender Helle. In einer großen Halle fand ein herrliches
Fest statt, es wurde musiziert und getanzt. Der Zwerg führte
ihn zu einem Thron, darauf saß die schönste Frau, die der weit
gereiste Ritter je gesehen hatte. Sie lächelte ihm zu und sagte:
„Tannhäuser, dein Gesang hat selbst die Göttin der Liebe bezau-
bert." Sie erhob sich, schlang die Arme um ihn und küsste ihn
so, wie noch nie eine Frau ihn geküsst hatte. Dann führte sie
ihn in eine Kammer, wo ein reich ausgestattetes Bett stand.
„Du sollst mein Geliebter sein", sagte sie – Tannhäuser wurde
es. Lange Zeit konnte er nicht genug bekommen von den herrli-

Gegenüber: Der Tannhäuser als Ritter des Deutschen Ordens.
Große Heidelberger Liederhandschrift (Codex Manesse), Zürich,
um 1300–um 1340.
Universitätsbibliothek Heidelberg; Cod. Pal. germ. 848, fol. 264r.

chen Festen und dem Genuss der Liebe. Doch eines Tages empfand er, dass er etwas vermisste. Könnte er nicht einmal auf die Jagd reiten wie früher, den blauen Himmel sehen, die Vögel singen hören und sich am Sonnenlicht freuen? Als er es seiner Göttin gestand, wurde sie betrübt. „Du wirst gehen und nicht zurückkehren", sagte sie. „Meine Liebe soll dir mehr als genug sein." Dann zog sie ihn an sich, beide sanken auf das Lager, und der Tannhäuser vergaß seine Sehnsucht nach der Welt draußen. Doch nicht für lange. Wieder bat er um die Erlaubnis, nur für einen Tag den Berg zu verlassen, wieder brachten ihn die Liebeskünste der Göttin dazu, seine Wünsche zu vergessen.

Doch eines Tages war es so weit. Tannhäuser wollte nicht länger bleiben. Jetzt war es nicht nur der Wunsch, die Natur wieder zu erleben. In seinem Herzen war die Gewissheit immer stärker geworden, dass er sein Seelenheil verloren hatte. Lange Zeit hatte ihn das wenig gekümmert, aber nun bedrängte ihn der Gedanke so, dass er nicht mehr anders konnte: „Frau Venus", rief er seiner Geliebten zu, „ich muss die Gnade Gottes suchen. Ihr seid eine Teufelin! Die Gottesmutter helfe mir!" Er rief die Himmelskönigin Maria an, sie allein konnte ihm helfen. Sobald dieser Name ausgesprochen war, versanken die Göttin und ihr Hofstaat. Der Tannhäuser fand sich vor der Höhle wieder. Sein Pferd war noch an den Baum gebunden, als hätte er es soeben verlassen. Er löste den Strick, ließ das Tier laufen. Reiten wollte er nicht mehr, sondern büßend zu Fuß nach Rom pilgern, den Papst selber anrufen, dass er ihn von seinen Sünden lossprecht, denn er hatte den Christengott verraten und der heidnischen Liebesgöttin gehuldigt.

Lange war er unterwegs, aber er achtete nicht auf die Strapazen. Er übernachtete nicht auf den Burgen seiner Standesgenossen, sondern in den Herbergen der Pilger. Wenn diese abends Wein tranken, trank er Wasser. Bei ihren unterhaltsamen Geschichten hörte er nicht zu. Wenn die Erinnerung an die Liebesgöttin ihn überfiel, und das war oft der Fall, betete er: „Gottesmutter, reine Jungfrau, hilf mir gegen das Böse!" Endlich kam er nach Rom, in die heilige Stadt. Er ließ sich Zeit, er hatte nicht den Mut, vor den Papst zu treten und die Sünde des Gottesverrats zu beichten. Auf dem großen Platz vor der Peterskirche aber stand er täglich unter den tausend Büßern und erlebte den Segen des Heiligen Vaters. Er wusste, dass er für alle, nur nicht für ihn galt. Zweimal in der Woche gab es Gelegenheit zur Beichte. Schließlich fasste er Mut und stand im Rund der anderen Sünder. Jeder trat vor und bekannte seine Tat: Der Bischof hatte sein Amt missbraucht, der Graf seinen Bruder getötet, der Herzog Inzest begangen. Jeder schwor zu büßen und erhielt Vergebung. Da trat er vor: „Ich habe der Liebesgöttin gehuldigt und dem christlichen Glauben abgesagt. Ich war im Venusberg." Der Papst sah ihn lange an, sein Blick wurde hart: „Diese Sünde kann ich nicht vergeben. Du bist zur Hölle verdammt. Wie mein Hirtenstab nie wieder grün werden wird, so wirst du nie wieder Gottes Gnade erlangen." Da brach der Tannhäuser zusammen. Am nächsten Tag hielt es ihn nicht mehr in Rom. Er eilte zurück, bis er zum Venusberg kam. Der tat sich auf, Tannhäuser schritt hinein, wo ihn die Liebesgöttin schon erwartete. Nicht lange danach schlug der Hirtenstab des Papstes aus und wurde grün. Man suchte den Tannhäuser, um ihm die Vergebung seiner Sünde mitzuteilen. Man fand ihn nicht. War er bei Venus? War er in der Hölle? Vor dem Berg soll seither der treue Eckhart stehen und die jungen Leute vor der Teufelin Venus warnen.

Der Tannhäuser (um 1210–um 1266)
Tannhäuserballaden (seit 1450)

Melusine und Reymund

Die Liebe
der Wasserfrau

„Wenn Du meinen Weisungen folgst, wird Dir Gut und Ehre, Glück und Geld niemals fehlen" – das verheißt dem unglücklichen Reymund eine schöne junge Frau, Melusine.

Sie kommt aus der „Anderen Welt", ihre Geschichte ist die wohl berühmteste Erzählung der Verbindung eines Menschen mit einem solchen Wesen. Sie schenkt ihrem Mann höchstes Liebesglück und Erfolg im Leben, sie ist sogar eine mustergültige Ehefrau, die nicht nur für reichen Kindersegen sorgt, sondern auch den Besitz mehrt und Schlösser baut. Ihre Verbindung mit Reymund ist durch eine Bedingung geschützt, die der Mensch einzuhalten schwört: Hier ist es ein Sehtabu.

Die Erzählung zeigt nicht nur den Mann zwischen gesellschaftlichen Erwartungen und seinem Glücksverlangen zerrissen, auch die Frau sucht in der Verbindung ihre diesseitige Erfüllung, ja sogar ihre Erlösung. Der Erzähler entwirft darüber hinaus ein Bild von einer ebenso ungewöhnlichen wie intensiven Liebe, die keinen Bestand in dieser Welt hat. Die Besonderheit der Erzählung liegt in der starken emotionalen Bindung des Paares: Als sie sich trennen müssen, klagen beide über verlorenes Glück in höchsten Worten. Die Erzählung knüpft sich ursprünglich an das französische Adelsgeschlecht der Lusignan, die sich auf Melusine (in der Bedeutung Mêre Lusine, Mutter der Lusignan) bis heute zurückführen.

Reymund, der Sohn des verarmten Grafen von Forst, wurde vom Grafen von Poitiers als sein Kind angenommen. Eines Tages ritten sie auf die Jagd und verirrten sich. Es wurde Nacht, als der Graf von Poitiers einen seltsamen Stern sah und zu Reymund sagte: „Ich sehe in den Sternen, dass jemand seinen Herren tötet und selber ein gewaltiger mächtiger Herr wird." Da brach ein Eber aus dem Wald hervor. Der Graf wollte ihn mit

Hye merck wye reymond also yrres rittende in grösser clag /zü de
turstbrunnen kam vnd die iungfrouwe melusina do zü im kam vn
in trostė vnd yme alles seyt das yme wider faren oder zü künftig
was /

*Reymond am Durstbrunnen; aus: Thüring von Ringoltingen (um 1415 bis
1483), Melusine, 1456. Druck von Bernhard Richel, Basel, um 1473/74,
fol. 7v.*

seinem Spieß erlegen, verfehlte ihn jedoch, und Reymund kam ihm zu Hilfe. Er stach mit seinem Spieß zu, glitt ab und durchbohrte seinen Oheim. Reymund klagte heftig und rief zu Gott, er wolle nicht mehr leben und ließ sein Pferd ohne Führung laufen. So kam er zum Durstbrunnen. Dort standen drei schöne Jungfrauen, und die jüngste und schönste sprach ihn an: „Ich habe noch nie einen Edelmann gesehen, der an einer Frau vorbei ritt, ohne sie zu grüßen." Reymund erschrak, er wusste nicht, ob sie ein Geist oder eine Frau wäre, und sagte: „Allerschönstes Fräulein, verzeiht mir meine Unhöflichkeit. Ich leide nämlich großen Kummer." Da sprach ihn die Jungfrau mit seinem Namen an, worüber er sich sehr verwunderte, und sagte, sie wisse von seinem Unglück, und wenn er ihrem Rat folge, werde er Gut und Ehre, Glück und Geld erlangen: „Was dein Oheim geweissagt hat, wird mit der Hilfe Gottes eintreten."

Als Reymund den Namen Gottes hörte, war er sicher, dass sie weder ein böser Geist noch ungläubig war, und versicherte ihr, er werde ihren Rat befolgen. „Du sollst mir bei Gott schwören", sagte sie, „dass du mich zu deiner Ehefrau nehmen willst und mir an keinem Samstag nachforschst, sondern mich meine Dinge tun lässt." Das gelobte ihr Reymund feierlich. „Wenn du nicht hältst, was Du mir geschworen hast", warnte sie ihn darauf, „wirst du mich verlieren und deine Kinder und Erben werden kein Glück im Leben haben." Raimund wiederholte seinen Eid. Sie riet ihm, er solle nach Poitiers reiten und erklären, er habe seinen Oheim im Wald verloren. Dann werde man ihn suchen und seine Leiche finden: „Wenn dann sein Sohn das Erbe antritt, sollst du ihn um so viel Land bitten, wie man mit einer Hirschhaut bedecken kann. Lass dir Brief und Siegel darauf geben. Dann kaufe eine Hirschhaut und lasse einen ganz schmalen Riemen daraus schneiden. Komm zu diesem Brunnen und ziehe mit dem Riemen einen Kreis und die Räte

Wie ye melusina vnd reymont ezu samen by der capellen vermelxlt wurdent das dett ein byschoff

Wie Melusine und Reymund in der Kapelle durch einen Bischof getraut wurden; aus: Thüring von Ringoltingen (um 1415–1483), Melusine, 1456. Druck von Bernhard Richel, Basel, um 1473/74, fol. 16v.

des Grafen sollen es bezeugen. Wenn dir dann das Land zugesprochen ist, werde ich dich hier erwarten."

Reymund verfuhr so, wie sie es ihm geraten hatte. Der junge Graf war sehr verwundert, als sein Vetter ein so großes Gebiet beanspruchte, wünschte ihm jedoch Glück und Heil damit. Reymund ritt wieder zum Durstbrunnen und traf dort die schöne Jungfrau. „Wir wollen Hochzeit halten, aber es muss eine große öffentliche Sache sein", sagte sie. „Hole den Grafen und seine Leute hierher, und ich werde auch mit meinen Leuten kommen." So geschah es. Es war eine herrliche Feier, und der Bischof vermählte Reymund und Melusine. Der Graf aber fragte seinen Vetter, ob seine Braut auch hoch geboren sei und von welchem Geschlecht sie käme. Reymund jedoch wies die Frage ab: „Sie ist so schön und von edlen Sitten wie eine Königstochter; sie gefällt mir, und ich will sie haben."

In der Hochzeitsnacht wurde Melusine schwanger mit einem Sohn. Das Fest dauerte 15 Tage. Als die Gäste fortgeritten waren, sagte Melusine: „Gott soll uns mit allem versehen, was wir brauchen." Darauf kamen ihre Werkleute, rodeten den Wald und errichteten in kurzer Zeit ein Schloss, und Melusine nannte es nach ihrem Namen Lusinien. In den folgenden Jahren baute sie weitere Schlösser und das Kloster Maliers. Fünf Söhne gebar sie, und alle hatten ein Muttermal. Der sechste Sohn Goffroy war besonders stark. Er hatte einen Eberzahn. Der siebte war Freymund, und er wollte Mönch werden.

Eines Samstags fügte es sich, dass Melusine, wie gewöhnlich, nicht bei Reymund war. Er hatte ihr noch niemals nachge-forscht, vielmehr seinen Eid gehalten. Da besuchte ihn sein älterer Bruder, und als er Melusine sprechen wollte, vertröstete ihn Reymund auf den nächsten Tag. Der Graf aber war besorgt, sein Bruder sei verhext, und die Leute redeten über ihn, denn seine Frau sei ihm entweder untreu oder aber ein böser Geist.

Reymund erblickt Melusine nackt im Bad; aus: Thüring von Ringoltingen (um 1415–1483), Melusine, 1456. Druck von Bernhard Richel, Basel, um 1473/74, fol. 51r.

Darüber wurde Reymund zornig, eilte mit seinem Schwert zu Melusines Kammer und fürchtete, sie betrüge ihn mit einem anderen Mann. Er machte ein Loch in die Tür. Da sah er Melusine nackt im Bad. Sie war oberhalb des Nabels eine schöne Frau, aber unterhalb hatte sie einen langen Schwanz in blauer Farbe mit silberfarbenen Tupfen ganz wie eine Schlange. Als Reymund seine Frau so sah, war er sehr erschrocken, aber am allermeisten bekümmerte ihn, sie könnte merken, dass er sein Gelübde gebrochen habe. Er verschloss das Loch und ging zu seinem Bruder. „Ihr lügt", sagte er, „meine Frau ist fromm und unschuldig. Hebt Euch fort oder es geht Euch ans Leben." Der Graf ritt eilends heim.

Reymund klagte sich an, dass er sein Versprechen nicht gehalten hatte. Er legte sich ins Bett und weinte: „Ach, Melusine, wenn ich dich verliere, entsage ich der Welt und werde ein Einsiedler", klagte er. Am nächsten Tag kam Melusine, legte ihre Kleider ab und stieg zu ihm ins Bett, sie umarmte ihn zärtlich und fragte: „Liebster Reymund, seid Ihr krank, so lasst mich das wissen und ich werde Euch mit der Hilfe Gottes gesund machen." Reymund dachte, sie hätte seinen Verrat nicht bemerkt, sie aber wusste alles und tat nur so, da er noch keinem Menschen ihr Geheimnis weitergesagt hatte. Sie küsste ihn und legte sich zu ihm, da war er glücklich.

Melusines Söhne waren in die Welt gezogen und tüchtige Ritter geworden. Als Goffroy erfuhr, dass sein Bruder Freymund nicht wie alle anderen Söhne Ritter, sondern Mönch geworden war, wurde er zornig. Er meinte, die Klosterleute hätten ihn verzaubert, zog hin und zündete den Konvent an, so dass alle verbrannten.

Als Reymund das erfuhr, ergrimmte er gegen Melusine und beschimpfte sie vor allen Leuten: „Böse Schlange, du schändlicher Drache, dein Blut ist böse. Siehe, was dein Sohn Goffroy

Wie Melußine reymond gesegnete vnd alles volck vnd weinde vnd schreiende enweg/schict

„Segne dich Gott, Du hast mein Herz besessen". Mit diesen Worten sprang Melusine zum Fenster hinaus; aus: Thüring von Ringoltingen (um 1415–1483), Melusine, 1456. Druck von Bernhard Richel, Basel, um 1473/74, fol. 65v.

getan hat. Das kommt von dir!" Da klagte sie ganz erbärmlich: „Ach Reymund, weh mir, dass ich dich je gesehen habe, dass ich mich in dich verliebte und deine Liebe empfing! Dein Verrat, deine Falschheit haben mich in schlimme Angst und Not versetzt. Darin muss ich bleiben bis zum Jüngsten Tag. Hättest du dein Versprechen gehalten, so wäre ich von dem Fluch, der mich bindet, erlöst worden, ich hätte bei dir bleiben können, bis ich eines natürlichen Todes gestorben wäre."

Reymund konnte vor Jammer und Leid kein Wort sprechen. Melusine sagte: „Lieber Freund, Gott vergebe dir! Du wirst noch viele Hilfe von mir erfahren, aber du wirst mich nie mehr sehen. Segne dich Gott, mein liebster Gemahl, mein Herz, mein Lieb, mein Kleinod, meine Lust und Freude, mein Trost und Schatz in meines Herzens Grund. Segne dich Gott, Du hast mein Herz besessen!" Mit diesen Worten sprang sie zum Fenster und flog hinaus, dabei wurde sie zu einem schrecklichen Drachen. Sie fuhr dreimal um das Schloss und stieß dreimal einen lauten, erbärmlichen Schrei aus, dann konnte sie niemand mehr erblicken. Reymund rief ihr nach: „Segne dich Gott, meine schöne Gemahlin, meine liebste Freundin, meine süße Meisterin, Krone aller Ehren! Segne dich Gott, meine süße Blume! Segne dich Gott, meine Freude, mein Heiligtum! Nun ist mein Glück für immer dahin!"

Die beiden jüngsten Kinder waren noch nicht entwöhnt. Wenn es Nacht wurde, kam Melusine, legte sie an ihre Brust und wärmte sie, dann bettete sie sie in ihre Wiegen. Die Ammen erzählten Reymund davon. Er hoffte, wegen der Kinder könne er seine liebste Gemahlin wiederbekommen. Das aber durfte nicht sein. Da übergab er die Herrschaft an seinen Sohn Goffroy und verließ das Land. Er wurde nie wieder gesehen.

Thüring von Ringoltingen, ‚Melusine' (1456)

Lanval und die Fee

Liebe in Avalon

"Nie hatte ein Kaiser oder König so viel Glück wie Ihr, denn ich liebe Euch über alles."

Die schönste Frau der Welt schenkt einem Ritter ihren Leib und ihre Liebe. Beider Glück ist vollkommen. Die magische Faszination der Geschlechter füreinander findet ihre Gestaltung in einer Liebesgeschichte zwischen einem sterblichen Menschen und einem übernatürlichen Wesen, hier einer Fee. Das Tabu, das der irdische Partner einhalten muss, ist in unserem Fall ein Sprachtabu: Der Geliebte darf nicht von ihr sprechen.

Lanval war einer der tapfersten und schönsten Ritter am Artushof. Doch obwohl er Artus in vielen Schlachten gedient hatte, entlohnte ihn dieser nicht. Lanval hatte bald sein ganzes Vermögen ausgegeben und war sehr betrübt, als er sich nun mittellos fand. Am Hof fühlte er sich fehl am Platz. Daher stieg er eines Tages auf sein Pferd und ritt hinaus aus der Stadt. An einem Fluss begann sein Pferd zu zittern.

Die Begegnung mit andersweltlichen Wesen findet häufig an einem Gewässer statt. Dass das Pferd zu zittern beginnt, ist ein Anzeichen für den Kontakt mit dem Übernatürlichen.

Lanval sprang herunter, zwei schöne Frauen näherten sich, er grüßte sie höfisch, und sie richteten ihm ihre Botschaft aus: „Herr Lanval! Meine Gebieterin, die schön und klug ist, schickt uns nach Euch. Kommt mit uns zu ihrem Zelt!" Der Ritter folgte ihnen. In dem prachtvollen Zelt lag eine Frau auf einem herrlichen Bett, sie übertraf die Lilie und die gerade erblühte Rose an Schönheit. Ihr Leib war weißer als eine Weißdornblüte. Sie war nur mit einem Hemd bekleidet. Der Ritter trat zu ihr, und die Jungfrau sagte: „Lanval, lieber Freund! Euretwegen bin ich gekommen. Noch nie hatte ein König oder ein Kaiser solches Glück wie Ihr, denn ich liebe Euch über alles." Er schaute sie an, und sein Herz entbrannte: „Schönste", sagte er, „wenn mir das

Glück zuteil würde, dass Ihr mich lieben wolltet, täte ich alles, was Ihr verlangt. Niemals will ich von Euch scheiden." Daraufhin schenkte sie ihm ihren Leib und ihre Liebe. Und er erhielt noch eine Gabe: Nie werde er etwas begehren, das er nicht gleich ganz nach seinem Wunsch erhalte. Er möge nur großzügig schenken, sie werde ihm alles geben. „Mein Geliebter", ermahnte sie ihn, „entdeckt Euch keinem Menschen. Für immer werdet Ihr mich verlieren, wenn unsere Liebe bekannt wird." Er gelobte ihr, dass er ihr Gebot einhalten werde. Er aß mit seiner Geliebten zu Abend, oft küsste und umarmte er sie. Dann führte man ihm sein Pferd vor, und er ritt zurück an den Hof.

Dort begann ein schönes Leben für ihn: Er hielt eine gastliche Tafel, machte reiche Geschenke, kleidete die Spielleute ein

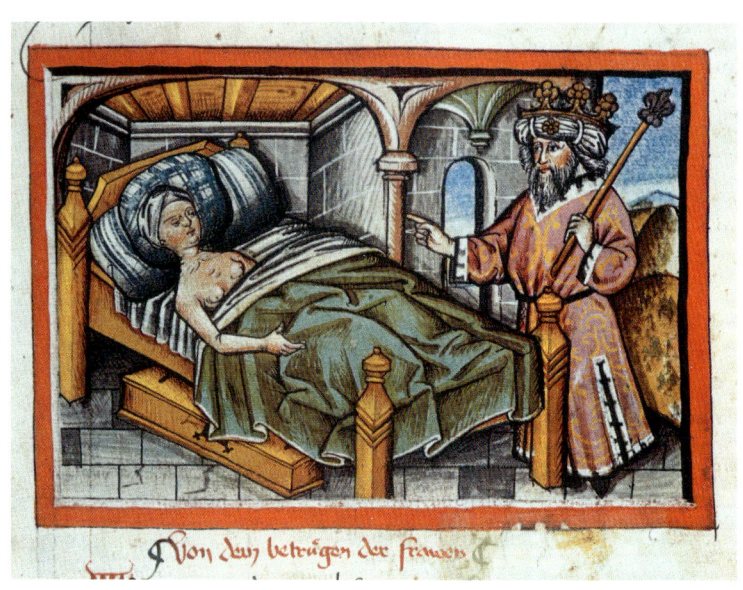

Von dem Betrügen der Frauen. König Salomon weist auf eine Frau, die ihren Liebhaber erwartet; aus: Blumen der Tugend von Hans Vintler († 1419).
Forschungsbibliothek Gotha; Chart. A 594, 15. Jahrhundert, fol. 50v.

und kaufte die Gefangenen los. Und so oft er seine Geliebte sehen wollte, war sie bei ihm. Sein Glück machte ihn anziehend für alle.

Eines Tages war Artus ausgeritten, da sah ihn die Königin, als er mit anderen Rittern zum Hof kam. Während diese ihr entgegengingen, blieb Lanval beiseite, denn er sehnte sich heftig nach seiner Geliebten und konnte es kaum erwarten, sie in seinen Armen zu halten. Da die Königin ihn allein erblickte, ging sie zu ihm und redete ihn an: „Lanval, ich habe Euch immer in großen Ehren gehalten. Ich gewähre Euch meine Liebe, durch mich sollt Ihr sehr glücklich sein." „Meine Herrin", sagte Lanval, „lasst mich. Ich verlange nicht nach Eurer Liebe. Ich habe dem König Treue gelobt. Niemals werde ich Verrat an ihm üben." Die Königin wurde zornig. „Lanval", sagte sie, „ ich glaube, Ihr habt keine Lust auf Frauenliebe, sondern vergnügt Euch mit jungen Männern." Lanval war mit der Antwort nicht langsam. „Meine Dame", erwiderte er, „mit dieser Art von Liebe kann ich nichts anfangen. Dagegen habe ich die Schönste von allen zur Geliebten. Ihre Dienerinnen sind mehr wert als Ihr, Frau Königin, an Schönheit und edlem Wesen." Die Königin ging, voller Schmerz über die Kränkung, weinend in ihre Kammer. Als der König von der Jagd zurückkehrte, erhob sie Klage gegen Lanval. Er habe ihr die Ehre geraubt. Um ihre Liebe habe er angehalten, und als sie ihn abwies, rühmte er sich einer Geliebten: Ihre armseligste Kammerfrau wäre anmutiger, edler und schöner als die Königin. Artus geriet in solchen Zorn darüber, dass er schwor, er werde Lanval hängen oder verbrennen lassen, wenn er sich nicht vor dem königlichen Gericht zu verteidigen wüsste.

Lanval war zu seinem Haus zurückgekehrt und hatte gemerkt, dass er seine Geliebte verloren hatte, weil er sein Gelöbnis gebrochen, ihre Liebe aufgedeckt hatte. Oft rief er nach seiner

Freundin, aber das half nichts. Hundertmal flehte er sie um Erbarmen an – vergeblich. Er verfluchte seinen Mund und sein Herz, es war ein Wunder, dass er sich nicht selbst tötete. Dann kamen die Boten des Königs und führten ihn an den Hof. Artus beschuldigte ihn, Liebe von der Königin verlangt zu haben. Dann habe er sich gerühmt, eine Magd seiner Geliebten sei edler und schöner als die Königin. Lanval stritt ab, ihr gegenüber zudringlich geworden zu sein, er gab jedoch zu, dass er sich der Gunst der schönsten Frau gerühmt habe. Die Barone, die zu Gericht saßen, nahmen ihm einen Eid ab, dass er des ersten Vergehens unschuldig sei. Was das zweite betraf, verlangten sie von ihm, seine Geliebte herbeizubringen und zu beweisen, dass wahr sei, was er über sie gesagt hatte. Könne er das nicht, müsse er in die Verbannung gehen. Lanval erwiderte, er vermöge nicht, sich zu rechtfertigen. Von seiner Geliebten habe er keine Hilfe zu erwarten.

Als das Gericht sich zur Urteilsfindung zurückziehen wollte, sahen sie zwei Mädchen auf schönen Pferden heranreiten, auf nackter Haut trugen sie nur purpurne Seidengewänder. Die Ritter glaubten, eine von ihnen sei seine Geliebte, Lanval aber erwiderte, er kenne sie beide nicht. Sie wandten sich an Artus: „König, lass ein Gemach herrichten und mit Brokatvorhängen versehen. Unsere Herrin will dort absteigen." Dann sahen sie zwei Mädchen, in Goldbrokat gekleidet, auf spanischen Mauleseln ankommen. „Seht, Eure Geliebte ist da!", sagten die Ritter zu Lanval. Dieser antwortete sogleich, dass er sie nicht kenne und nicht liebe. Inzwischen waren die beiden vor dem König abgestiegen. Alle fanden sie schöner, als es die Königin je war. Sie ließen sich das Gemach für ihre Herrin zeigen.

Jetzt sollte endlich das Urteil gefällt werden. Schon wollten die Barone zur Entscheidung kommen, da erschien eine Dame auf einem weißen Pferd, sie trug unter ihrem Mantel ein weißes

Kleid, das an den Seiten geschnürt war, so dass man ihre Hüften sehen konnte. Sie hatte eine überaus anmutige Gestalt. Ihr Hals glänzte weißer als Schnee, ihre Augen leuchteten, ihr Mund war rot wie Koralle. Ihre blonden Haare strahlten einen solchen Glanz aus, dass kein Goldfaden damit hätte wetteifern können. Auf ihrer Hand trug sie einen Sperber. In der Burg gab es keinen, der nicht herandrängte, sie anzuschauen. „Lanval", riefen seine Freunde, „hier kommt die schönste Frau der Welt!" Er erkannte sie sogleich und das Blut stieg ihm ins Gesicht: „Jetzt kann man mich töten. Ich bin schon glücklich, wenn ich sie sehe." Die Dame ritt in den Palast, ließ sich das Gemach weisen und trat vor den König. Sie ließ ihren Mantel fallen, so dass man sie besser betrachten konnte. Als alle sie genugsam angeschaut und ihre Schönheit gepriesen hatten, wandte sie sich an Artus: „König, ich habe einen deiner Vasallen geliebt. Er ist hier: Lanval. Vor deinem Hof wurde er angeklagt. Ich will nicht, dass ihm Schaden erwächst. Die Königin sagt nicht die Wahrheit: Er hat sie niemals um ihre Liebe gebeten. Wenn ich ihn von der Prahlerei mit meiner Schönheit entlasten kann, so sollen die Barone ihn freisprechen." Alle urteilten, dass Lanval die Wahrheit gesprochen hatte. Die Dame brach auf, der König konnte sie nicht zurückhalten.

Der Logik der Erzählung entsprechend müsste sie mit der Trennung zu Ende sein, denn Lanval hat das Tabu gebrochen. Doch anders als in den üblichen Feengeschichten gibt es einen glücklichen, utopischen Schluss. Als die Fee zum Tor hinaus ritt, sprang Lanval mit großem Schwung auf den Zelter hinter sie. Mit ihr ritt er ins Feenland Avalon. Niemand hörte je wieder etwas von ihm, und so wird er wohl noch immer in ihren Armen liegen.

Marie de France, ‚Lais' (um 1160/70)

Lohengrin und Elsam

Fragen nicht erlaubt

„Gott hat diesen Kämpfer geschickt, die Unschuld zu verteidigen" – so kommentiert das Volk die Ankunft des Ritters in der Schwanenbarke.

In der Geschichte Lohengrins und Elsams kommt der Mann (nicht wie sonst die Frau) aus der Anderen Welt: vom Gral. Es gibt eine ganze Reihe von Schwanritter-Erzählungen, ihnen gemeinsam ist die Begründung einer Dynastie, die eine mythische Gestalt zum Ahnherrn hat. Die Liebesgeschichten zwischen Mensch und andersweltlichen Wesen gehen zumeist unglücklich aus, denn der irdische Partner vermag das Tabu, das ihm auferlegt wird, nicht einzuhalten. Die unbedingte Liebe überfordert ihn, und daher muss sie scheitern. Ich erzähle die Geschichte nach dem mittelalterlichen Versepos ‚Lohengrin'.

Die Herzogin Elsam von Brabant hatte ihre Eltern verloren. Auf dem Totenbett empfahl ihr Vater sie in die Obhut Friedrichs von Telramund, der sollte sie als seine Landesherrin anerkennen. Er warb jedoch um sie und wollte sie heiraten. Als sie ihn mit Hinweis auf die ständische Ungleichheit abwies, behauptete er, sie habe ihm die Ehe gelobt und ihr Versprechen gebrochen. Deshalb verklagte er sie vor dem Kaiser. Dieser bestimmte, dass der Streitfall durch einen gerichtlichen Zweikampf entschieden werden sollte.

Das war eine mittelalterliche Praxis, wenn es keine Zeugen gab und die Behauptungen der Prozessgegner nicht belegt werden konnten. Indizienbeweise waren nicht zugelassen. Man glaubte, dass Gott in solchen Fällen der gerechten Sache zum Sieg verhelfen würde. Zur Abfassungszeit des ‚Lohengrin' in der zweiten Hälfte des 13. Jahrhunderts waren Gottesgerichtskämpfe zwar bereits verboten, in der Literatur lebten sie jedoch weiter. Elsam suchte also einen Streiter, fand aber niemanden, der für sie gegen Bezahlung kämpfen wollte, denn Friedrich war ein

palas Waren die schwesten alle zü besunder
Wie der schwan mit lohengrin jn brobant kam vnd
also lohengrin schon enpfienge ward von d' herczoffz

Er swan der wist das schiflin
gen dem gestade Dar jn so
was der ritter fin Vnd hett
sich schon vff sinen schilt gestrecket Der
tappelan des nicht vsprach Er gie do die fur
stin an rate saß Er sprach juncfrow vwer

Lohengrin wird von Elsam und ihrem Gefolge begrüßt; aus: Lohengrin,
anonym, 1283/89.
Universitätsbibliothek Heidelberg; Cod. Pal. germ. 345, Werkstatt des
Ludwig Henfflin, um 1470, fol. 16r.

tapferer und tüchtiger Ritter. Ihr Kaplan verwies sie auf Gott als Schützer der Schwachen, sie solle im Münster um Hilfe flehen. Sie besaß eine besondere goldene Schelle, die erklang, wenn ihr in ihrer Not die Tränen kamen. Diesen Schall vernahm König Artus im fernen Frankreich, er ging daraufhin mit seinen Rittern vor den Gral. Eine Schrift auf dem heiligen Stein verkündete ihnen, dass eine Jungfrau in Brabant in Not sei und Artus einen Kämpfer für sie aussenden solle. Erst dann werde der Ton der Schelle versiegen. Artus selbst und viele Helden boten sich an, erwählt wurde schließlich der jüngste, Parzivals Sohn Lohengrin. Sein Vater rüstete ihn aus, aber als er sein Pferd besteigen wollte, erschien ein wilder Schwan, der eine Barke zog: „Mit diesem will ich fahren", erklärte der Ritter. Der Schwan schwamm hinaus auf das Meer; fünf Tage war er unterwegs. Lohengrin wurde wunderbar gespeist, und der Schwan sang so schön, dass Lohengrin glaubte, er sei ein Engel.
Der Held aus der Anderen Welt wird hier mit Heiligem in Verbindung gebracht: Er kommt vom Gral, aus der Gralsfamilie, ein göttlicher Bote bringt ihn zu Elsam. Jeder Verdacht, es könnte sich um einen Dämon handelt, wird damit ausgeschlossen.
In Brabant bemerkte der Kaplan, dass die Schelle aufgehört hatte zu tönen, und er deutete das als Zeichen dafür, dass ein Streiter für Elsam unterwegs sei. Sie ließ ihre Leute sich in Antwerpen versammeln, denn ihre Rechtfertigung musste in aller Öffentlichkeit geschehen. Alle sahen die Schwanenbarke – in ihr schlief Lohengrin auf seinem Schild – und alle waren überzeugt, dass das ein Wunder Gottes sei. Es wurde durch eine Autorität bestätigt, denn unter den Versammelten war ein Fürstabt, der erblickte den Schwan in Engelsgestalt. Elsam ging im Büßergewand selbst zum Schiff und reichte Lohengrin ihre weißen Hände, er folgte ihr. Schild, Helm und Schwert ließ er an Land bringen, dann schritt er mit der Jungfrau ins Münster.

Aus roweden sy wir gewalt schon gefeyet //
Wie lohengrin vnd der terram̄ den kampff an
hubent vnd also gewulich zü same raute das sy
beid ire sper zerbrache

Die sper sy nomen in die hant baret
vnd nunne das man zeher nicht en
fant Da rouede die roß mit nyde
dar erspreuxet In die schilte

Stechen Lohengrins mit Friedrich von Telramund; aus: Lohengrin, *anonym,
1283/89.*
*Universitätsbibliothek Heidelberg; Cod. Pal. germ. 345, Werkstatt des
Ludwig Henfflin, um 1470, fol. 50r.*

Als man ihn danach in den Palast führte, ließ er sich darlegen, warum er als Kämpfer gebraucht werde. Er erklärte daraufhin, er wolle für Elsam antreten. Beim folgenden Festmahl tauschten beide verliebte Blicke, und die Anwesenden glaubten wegen ihrer Schönheit, sie seien füreinander geschaffen.

Als der Tag des Gerichtskampfes, der nach altem deutschem Recht dargestellt wird, gekommen war, ritten Friedrich und Lohengrin in dem Kampfkreis vor den Kaiser. Alle Ritter mussten sich eidlich verpflichten, bei der Strafe des Verlusts einer Hand nicht einzugreifen. Die beiden Gegner kämpften zuerst mit den Speeren gegeneinander, dann mit den Schwertern. Friedrich war ein gewandter Streiter, er brachte Lohengrin in Bedrängnis, schließlich aber gelang es diesem, ihn im Ringkampf niederzuwerfen. Zuerst wollte Telramund sich nicht ergeben, dann aber gestand er seine Niederlage ein und gab zu, dass er im Fall des Eheversprechens gelogen habe. Er wurde daraufhin dem kaiserlichen Gericht übergeben, und der Herrscher ließ ihm den Kopf abschlagen.

Der Schwanritter nahm den Helm ab. Elsam trat neben ihm: „Herr, er ist mein!", sagte sie zum Kaiser. „Nein, ich werde weder der Eure noch der eines anderen Menschen sein", erwiderte Lohengrin, „ich habe ihr nicht die Ehe versprochen." Doch das Gericht entschied, er habe sich durch seinen Kampf und Sieg dazu verpflichtet, Elsam zu heiraten. Daraufhin bat Lohengrin um ein Gespräch mit der Jungfrau und ging mit ihr aus der Menge. Er sagte: „Edle Frau, wenn Euer Mund das meidet, was ich Euch jetzt sage, werdet Ihr mich lange in Freuden haben. Tut Ihr das nicht, verliert Ihr mich. Fragt nie nach meiner Abkunft und woher ich kam." Elsam versprach es und sagte: „Das wird uns nicht stören."

Lohengrin hat Elsam also ein Tabu auferlegt, wie es dem Erzähltypus entspricht. Es ist in der mittelalterlichen Adelsgesellschaft

korw m' an das bette wart gegeben Dar an
sy muste der mynne buhuede siden Vie der keiser lohengrin zu der hertzogin an ein bet leit

O was der keiser komen dar Das
gesind er hies das ges sy die kamer
rumete thot But vnd er gab er In

Die Hochzeitsnacht Elsams und Lohengrins; aus: Lohengrin, *anonym,*
1283/89.
Universitätsbibliothek Heidelberg; Cod. Pal. germ. 345, Werkstatt des
Ludwig Henfflin, um 1470, fol. 57v.

besonders hart und eigentlich unmöglich zu erfüllen, denn die Stellung der Kinder hängt vom Stand des Vaters ab. Nicht aus weiblicher Neugier, sondern aus Verantwortungsbewusstsein für ihre Nachkommen und das Land muss Elsam wissen, woher ihr Ehemann stammt. Das Scheitern ist somit vorbestimmt.

Elsam und Lohengrin schlossen die Ehe im Ring, sie gaben sich öffentlich das Ja-Wort; der Kaiser selbst beglaubigte es. Das eheliche Schlafgemach war prächtig gerichtet, das Bett mit Gold und Seidendamast ausgestattet. Dann wurde das Paar dorthin geleitet, der Kaiser war dabei. Endlich waren sie allein, und die beiden konnten sich umarmen – die ganze Nacht lang erfüllten sie ihr Verlangen. Der Erzähler stellt den Morgen humoristisch dar: Als sie schließlich eingeschlafen waren, kamen die Kammerfrauen und wollten sie wecken, sie fanden das Paar im tiefsten Schlummer. Darüber wurde herzlich gelacht: „Wohin ist denn Euer Hemd gekommen, wer hat es gestohlen?" Elsam versteckte sich unter der Decke, bis man ihr einen Mantel brachte. Der Sitte gemäß kredenzte man ihnen den Brauttrunk in der Kammer, dazu ein Frühstück: ein Hühnchen, das sie gemeinsam verzehrten, ein Symbol der ehelichen Bett- und Tischgemeinschaft. Dann gingen sie zur Messe, und ein großes Festturnier begann, Tanz und Reigen folgten.

Der Kaiser erhielt eine Botschaft, dass die heidnischen Ungarn in das Reich eingefallen waren. Er rief seine Fürsten zur Heerfahrt; auch Lohengrin, der neue Herzog von Brabant, musste ihm folgen. In diesem und in einem zweiten Feldzug trug er entscheidend zum Sieg des Reiches bei. Nach seiner Rückkehr stieß er in einem Turnier den Grafen von Cleve aus dem Sattel und dieser fiel so unglücklich, dass ihm der rechte Arm zerquetscht wurde. Seine Frau wollte sich dafür rächen. Sie sagte zu Elsam: „Euer Mann ist eine Zierde der Christenheit. Schade, dass seine Abkunft dem nicht entspricht. Wer weiß, woher er kam, keiner kennt seine Familie." Diese Worte trafen Elsam ins Herz. Sie dachte: „Darf ich nicht wissen, welchen Adelsnamen unsere Kinder tragen, und was ihre Abkunft ist? Wenn ich ihn frage, so wird er zornig." So schwankte sie in ihrem Inneren. Als sie abends mit ihm das Schlafgemach aufsuchte und Lohengrin sie zärtlich umarmte, musste sie weinen. „Was macht Dir Kummer, Liebste?", fragte er sie. Sie antwortete: „Herr, was könnte mich mehr betrüben, als was die von Cleve heute gesagt hat?" Diesmal gelang es Lohengrin noch, sie ihre Frage vergessen zu lassen, aber nach drei Tagen konnte sie nicht länger schweigen. Als sie bei ihm lag und sich beide der Liebe hingegeben hatten, sagte sie: „Herr, werdet bitte nicht zornig. Ich will wissen, woher Ihr kommt. Ich sehe Euch an, dass Ihr von Adel seid, doch um unserer Kinder willen nennt mir Euer Geschlecht und Euren Namen." „Wenn wir nach Antwerpen kommen, werde ich Euch Auskunft geben", antwortete Lohengrin. Am dritten Tag nach der Ankunft trat er vor den Kaiser und die Großen des Landes. „Ich habe", erklärte er, „meiner Frau vor der Ehe die Bedingung gestellt, dass sie nicht nach meiner Abkunft fragen dürfe, wenn sie mich nicht verlieren wolle. Sie versprach es mir." Als sie das hörte, fiel Elsam in Ohnmacht, mit Mühe brachte man sie wieder zu sich. „Nun hat sie die Frage gestellt. Traurig muss ich scheiden. Herrin, hört: Mein Ahne heißt Gandin, sein Sohn Gahmuret und dessen Sohn Parzival. Artus ist mein Verwandter. Ich heiße Lohengrin und wurde zum Gral berufen. Ich habe Euch gesagt, dass ich Euch ebenbürtig bin. Hättet Ihr es dabei belassen, so müsste ich nicht von Euch und den Kindern ziehen." Man brachte ihm die beiden Knaben, er küsste sie und befahl Leute und Land, Frau und Kind dem Bischof von Lüttich. Horn und Schwert gab er den Kindern, Elsam einen Ring von seiner Mutter. Sie umarmte ihn und wollte ihn festhalten: „Liebster Herr, bleibt bei mir!" „Das darf nicht sein, Allerliebste!", sagte er darauf und küsste sie. Dann entschwand er auf der Schwanenbarke. Elsam war dem Tode nah. Als sie nach langer Schwäche wieder zu sich kam, stand ihr Entschluss fest. Sie wollte Witwe bleiben und ihren Kindern die Herrschaft erhalten. Bis zu ihrem Aussterben führten sich die Brabanter Herzöge auf den Schwanritter zurück.

Die überragende Bedeutung der Abstammung für den mittelalterlichen Adligen überstrahlt die Geschichte einer unmöglichen Liebe. Die Verbindung mit einem Wesen aus der Anderen Welt schenkt höchstes Glück und tiefstes Leid – für beide. Die Trennung zerstört auch die Hoffnung des Schwanritters auf ein Glück, das so kostbar ist, weil es vergänglich bleiben muss.

Anonym, ‚Lohengrin' (1283/89)

Elsams Ohnmacht angesichts Lohengrins Abreise; aus: Lohengrin, anonym, *1283/89.*
Universitätsbibliothek Heidelberg; Cod. Pal. germ. 345, Werkstatt des Ludwig Henfflin, um 1470, fol. 173r.

Erec und Enite

Liebe
in der Gesellschaft

„Als sie zum Artushof ritten, blickte Erec Enite an; auch sie sah wieder und wieder schüchtern zu ihrem Freund hinüber. Sie tauschten immerzu verliebte Blicke. Ihre Herzen wurden von Liebe erfüllt".
So beschreibt Hartmann von Aue im ersten deutschsprachigen Artusroman die Entstehung der Liebe seines Paares. Sie erscheint nicht am Beginn der Erzählung – es gibt eine längere Vorgeschichte.

Erec, ein junger Ritter am Artushof, fiel in Schande, weil er nicht verhindern konnte, dass eine Hofdame und dann auch er selbst im Beisein der Königin von einem Zwerg geschlagen wurden. Ein bewaffneter Ritter schützte den Übeltäter, und da Erec ungerüstet war, konnte er nicht angreifen. Er folgte jenem und gelangte zu einer Burg, wo es einen kämpferischen Wettbewerb um einen Jagdvogel gab: Der beste Ritter erwarb ihn für seine Dame. Erec erkannte seine Chance, in öffentlichem Kampf gegen den Ritter anzutreten und durch einen Sieg seine Ehre wiederherzustellen. Aber er hatte weder Waffen noch eine Dame, für die er den Sperber erstreiten könnte. Ein Zufall kam ihm zu Hilfe: In einem halb verfallenen Gemäuer traf er auf einen verarmten Grafen und seine Tochter. Erec erkannte, dass ihm geholfen werden konnte; er bat den alten Mann um Waffen und um das Mädchen: Wenn ihm der Sieg gelinge, wolle er sie zur Frau nehmen. Nach kurzem Zögern willigte der Vater ein, und Erec ritt mit Enite zum Sperberkampf.
Das ist die märchenhafte Einkleidung einer üblichen mittelalterlichen Ehepraxis: Motiv für eine Adelsheirat ist politischer Nutzen, nicht etwa Liebe. Bündnisse werden durch Eheverträge bekräftigt und geschlossen, persönliche Neigungen spielen keine Rolle. In der Realität hätte Erec gar kein Eheversprechen geben können, sondern die Väter hätten miteinander verhan-

141

l vilais
dist
en co
respit
Qz tel
chose
a en
lan
en
despit

Q ui mlt uaut miex q on ne quide

p ce fait bn q son estuide

a torne abien ql q il ait

C ar qui son estuide entrelait

t oft ipuet tel chose ataisir

Q ui mlt uendroit puis a plaisir

p ce dist crestiens de troies

Q ue raisons est q totes uoies

d oit cascuns penser 7 entendre

a bn dire 7 abien apreudre

7 trait dun conte dauenture

v ne mlt bele conjuncture

delt. Aber weniger das ist es, was der Autor problematisieren will, sondern die Folgen einer Liebesehe. Dazu nämlich wird die Verbindung von Erec und Enite.

Erec besiegte den Ritter, Enite erhielt den Sperber, wobei sie noch das zerschlissene Kleid trug, das einzige, das sie besaß. „Am Leib, nicht am Kleid, soll man die Schönheit und damit den Adel einer Frau erkennen", sagt Erec. Und Enite ist schön, gefährlich schön, wie sich zeigen wird. Beim Ritt zum Artushof wird aus ihrer Zweckverbindung begehrende Liebe. Als sie ankamen, herrschte große Freude über Erecs Erfolg, und die Königin höchstpersönlich kleidete Enite in ein prachtvolles Gewand, wie es ihrer Stellung als Braut des Königssohns entsprach. Sie trat vor die Gesellschaft der Tafelrunde, und die Männer erschraken vor ihrer Schönheit, sie hat etwas Überirdisches – wird Erec den davon ausgehenden Zauber mit seinen Pflichten vereinbaren können? Zuerst ging alles gut: Beide bezähmten ihre Wünsche, schon vor der Hochzeit miteinander zu schlafen, Erec gewann souverän das Festturnier, und Enite war stolz auf ihren Mann, denn sie hatte lieber einen mutigen, der sich in Gefahr begibt, als einen verzagten, der nichts wagt. Das Paar reiste in Erecs Heimat, der Vater war entzückt von der Schwiegertochter und zog sich von der Herrschaftsausübung zurück; Erec wurde Regent. Doch er vernachlässigte seine Aufgaben, zog sich mit Enite in die Kemenate zurück und beide genossen ihre Liebe; Kirchgang und Mahl waren ihre einzigen Beschäftigungen außerhalb des Schlafgemachs. Das kostete Erec sein Ansehen, denn er hätte regieren und repräsentieren müssen. Seine Vasallen mieden den Hof, Gäste blieben aus, man verfluchte die schöne Herrin, die schuld an der Veränderung Erecs sei. Das kam ihr zu Ohren und, als sie Erec schlafend glaubte, presste ihr das die Tränen heraus, sie klagte über ihr Unglück. Erec aber hörte, was sie sagte, ließ sich den Grund erklären und erkannte: Sein Amt und seine Liebe waren in Gefahr. Liebesglück und gesellschaftliches Versagen scheinen gekoppelt zu sein. Hatte Enite ihn nicht geheiratet, weil er ein tüchtiger Ritter war? Er musste es allen zeigen, ihr zeigen, dass er nach wie vor in der Lage war, mit Waffen für Recht und Ordnung im Reich zu sorgen.

Also brach er auf Abenteuerfahrt auf, und sie musste mit, im schönsten Kleid als Lockvogel Begehrlichkeiten wecken, und er sollte sie verteidigen. Er hatte Räuber zu bekämpfen, die es auf die schöne Frau abgesehen hatten, und einen Burggrafen abzuwehren, der Enite rauben wollte. Jedes Mal erwies sich, dass Erec nur dank ihrer Hilfe überlebte: Sie warnte ihn vor den Räubern, die er nicht sah, sie erzählte dem Burggrafen eine Lügengeschichte und willigte scheinbar ein, vertröstete ihn einige Stunden, damit beide fliehen konnten.

Der Abenteuerweg war allerdings noch nicht zu Ende, denn Erec hat zwar seine Kampfesfähigkeit bewiesen, aber nicht die soziale Kompetenz, die er für sein Königsamt notwendig braucht. Sie konnte er beim nächsten Ereignis zeigen: Er hörte eine Frau klagen, denn ihr Mann wurde von zwei Riesen schlimm misshandelt. Erec gelang es in einem harten Kampf, die beiden Unholde zu töten und einen Unschuldigen zu retten. Jedoch war er von diesem und den früheren Anstrengungen so erschöpft, dass er wie tot vom Pferd fiel. Jetzt kam Enites Stunde der Bewährung. Sie klagte heftig über den vermeintlich Toten und wünschte selbst zu sterben, als ein mächtiger Graf angeritten kam. Er war, wie alle anderen, von Enites Schönheit hingerissen und bot ihr Hand und Herrschaft. Als Witwe habe sie ein elendes Leben, als seine Gemahlin aber werde es ihr glänzend gehen. Doch Enite bleibt Erec über den Tod hinaus treu. Sie hat ihn nicht aus Standesgründen geheiratet, sondern weil sie ihn liebte, und sie liebt ihn immer noch, auch der mächtigste Mann wird ihn nie ersetzen können.

Der Graf ließ Enite auf seine Burg Limors (Der Tod) bringen und Erec aufbahren, die Ehe sollte umgehend geschlossen werden, das Hochzeitsmahl wurde gleich aufgetragen. Enite weigerte sich standhaft, bis der Graf sich vergaß und sie schlug: „Esst jetzt, Miststück!", schrie er sie an. Der Hilfeschrei seiner Frau drang durch Erecs Ohnmacht, weckte ihn auf, er ergriff, noch in die Leichentücher gehüllt, ein Schwert und stürzte sich auf die Hochzeitsgesellschaft, tötete einige und verjagte alle, er entkam mit Enite auf einem Pferd. Erec bat sie um Verzeihung, dass er ihr eine so schwere Zeit zugemutet hatte, jetzt war er sich sicher, dass sie treu wie Gold war, wie der Erzähler sagt, ihn wirklich liebte und nicht nur seine königliche Stellung.

Das Abenteuer von Limors ist ein hoch symbolischer Vorgang: Erec geht durch den Tod und wird von Enite wieder ins Leben zurückgerufen, sie holt ihn in ihrer Treue aus dem Totenreich wie Orpheus seine Eurydike. So vermag er dann auch, sie und sich zu retten für ein neues Leben in Gemeinschaft und in Verantwortung füreinander – und für andere, wie sich zeigen wird. Die neu begründete Liebesgemeinschaft von Erec und Enite besteht ihre Bewährungsprobe auf Burg Brandigan, wo ein Abenteuer auf Erec wartet: Joie de la cort, „Die Freude des Hofes". Es hieß so, weil die Freude durch den roten Ritter Mabonagrin gestört war. Er hatte sich mit seiner Geliebten in einen Zaubergarten zurückgezogen und verteidigte sein Liebesidyll blutig: Achtzig junge Ritter hatte er getötet, achtzig Witwen lebten in Trauer auf seiner Burg. Erec erkannte sogleich, dass

Eheschließung; aus dem Roman de Garin de Montglane.
Bibliothèque nationale, Paris; Ms. français, 761, 13. Jahrhundert,
fol. 141v.

14

Mabonagrin sein Spiegelbild war: Wie er hatte dieser sich von der Gesellschaft um der Liebe willen isoliert. Wenn er ihn besiegen und die „Freude des Hofes" wiederherstellen konnte, bewies er, dass sein Abenteuerweg erfolgreich war und er gelernt hatte, was Mabonagrin noch lernen musste: „In Gesellschaft zu sein ist richtig", wie Erec dem roten Ritter verkündete. Den schweren Kampf gewann Erec, weil er an Enite dachte, der Unterlegene war letztlich froh, aus dem Liebesgefängnis befreit zu sein. Erec zeigte sich als guter Herrscher, denn er integrierte den Gegner in die höfische Gesellschaft und brachte die achtzig Witwen an den Artushof, wo sie ihre Trauerkleidung ablegten. Auch Enite hatte, über die gedankliche Unterstützung ihres Mannes hinaus, eine entsprechende Rolle. Die Geliebte Mabonagrins war nämlich ihr Spiegelbild, mit ihrer erotischen Anziehungskraft hatte sie ihren Freund von der Gesellschaft ferngehalten. Es stellte sich heraus, dass beide Cousinen waren. Enite vermochte ihre Verwandte zu trösten und zur Hofesfreude zu führen. Beide, Erec und Enite, hatten sich als verantwortungsbewusste Herrscherpersönlichkeiten erwiesen und traten nun nach dem Tod von Erecs Vater die Regierungsgewalt an; sie übten sie in angemessener Weise aus und lebten in Liebe verbunden bis an ihr Ende.

Die Liebesgeschichte zeigt eine Utopie: die Verbindung von personaler Liebe und königlicher Herrschaft, von individuellem Glück und gesellschaftlicher Verantwortung. Der Weg dahin ist schwer, verlangt von den Liebenden Treue und Solidarität, auch Selbstbeherrschung und den Verzicht auf das erotische Paradies. Dass das auch ein Verlust ist, davon allerdings schweigt die Erzählung.

Hartmann von Aue, ‚Erec' (1180)

Magelone und Peter

Treue Liebe währet lange

„Mit dieser Kette, allerliebster Freund und Gemahl, setze ich Euch in Besitz meines Leibes und verspreche Euch, nie einen anderen zu nehmen." So sprach Magelone. Peter erwiderte darauf: „Ich verspreche Euch Treue, empfangt diesen Ring zum Zeichen."

Mit diesen Worten haben beide eine heimliche Ehe geschlossen. Das war ein Verstoß gegen das göttliche Gebot, dem Willen der Eltern zu gehorchen, denn sie hatten sie nicht gefragt. Eine schicksalhafte Trennung ist die Folge. Beide müssen sich in einer langen Prüfungszeit bewähren.

Peter, der Sohn des Grafen von der Provence, war ein glänzender Ritter. Bei einem Turnier erzählte man von Magelone, der Tochter des Königs von Neapel. Es gäbe nicht eine, die ihr an Schönheit gliche. Peter nahm sich vor, nach Neapel zu ziehen, um sie zu sehen. Er bat seine Eltern um Erlaubnis. Sie zögerten, weil er ihr einziges Kind war, gewährten ihm dann jedoch seine Bitte und statteten ihn mit Pferd und Harnisch aus. Seine Mutter gab ihm drei kostbare Ringe. In Neapel hatte der König ein Turnier angesetzt. Peter ließ sich als Helmzier zwei silberne Schlüssel machen zu Ehren seines Namenspatrons, des Apostels Petrus. Auf dem Kampfplatz stach er einen Ritter des Königs vom Ross, der ein tüchtiger Kämpfer war. Da wollte der König seinen Namen wissen, aber Peter sagte, er habe gelobt, ihn keinem Menschen zu nennen. Er sei ein armer Edelmann aus Frankreich und kämpfe für den Preis der Frauen. Er tat sich vor allen anderen hervor, und die schöne Magelone fasste den Ritter mit den silbernen Schlüsseln ins Auge und konnte ihn nicht vergessen. Sie drängte ihren Vater immer wieder, Ritterspiele zu veranstalten, damit sie Peter sehen konnte. Er war immer der Beste von allen. Eines Tages lud ihn der König zum Mittagsmahl, aber Peter achtete wenig auf das

Essen, umso mehr auf die schöne Magelone. Er wusste in seinem Herzen, selig sei der, dem sie ihre Liebe schenke.

Der Vater erlaubte Magelone, mit dem Ritter zu reden, und sie forderte ihn mit wohlgesetzten Worten auf, häufig zum Hof zu kommen. In seiner Herberge dachte Peter viel an Magelone, und auch sie konnte ihn nicht aus ihrem Sinn bringen. Sie hätte gar zu gerne gewusst, wer und von welchem Stand er sei. Deshalb offenbarte sie sich ihrer Amme. Diese fragte Peter nach seinem Namen und seiner Herkunft. Er ahnte, dass es Magelone war, die das wissen wollte, und sagte: „Mein Geschlecht ist von hohem Adel. Das, so bitte ich sie, möge ihr für jetzt genügen!" Er gab der Amme einen der kostbaren Ringe, den sie ihrer Herrin von ihm übergeben sollte. Das tat die Amme, und in der folgenden Nacht schlief Magelone wenig, sondern küsste immer wieder den Ring und dachte an den, der ihn ihr geschenkt hatte. Bald darauf traf Peter die Amme ein zweites Mal, gab ihr den zweiten Ring für ihre Herrin und bat sie, ihm ein Gespräch mit Magelone zu vermitteln, damit er ihr seine Liebe erklären könne. Die Amme ließ ihn schwören, dass er eine ehrbare Liebe hege und sich eine eheliche Verbindung mit Magelone wünsche. Als sie dieses Gelöbnis erhalten hatte, führte sie ihn des anderen Tages zu ihr. Magelone wurde rot wie eine Rose und hätte den Ritter gern in den Arm genommen, aber die Vernunft hielt sie zurück. Sie nahm ihn freundlich bei der Hand und versicherte ihm, dass ihr Herz ihm nur das Beste gönne. Sie bitte ihn daher, ihr seine Herkunft zu offenbaren. Darauf eröffnete er ihr, dass er der einzige Sohn des Grafen der Provence sei und sie bis zu seinem Ende lieben wolle. Sie versprachen einander Treue bis zum Tod und schlossen eine heimliche Ehe, die vor Gott und der Kirche gültig war. Magelone spricht daher von Peter als ihrem Gemahl, sie ist seine Ehefrau. Ständische Bedenken gegen diese Verbindung gibt es nicht, da beide dem Hochadel angehören, es bleibt jedoch ein Makel, dass sie ohne Zustimmung der Eltern eingegangen wird.

Die Amme ermahnte beide, sie sollten nicht leichtsinnig sein mit ihrer Liebe und sie geheim halten. Das taten sie. Wenn es einzurichten war, besuchte Peter Magelone, und sie redeten vertraut und in Ehren miteinander. Eines Tages, als Peter zu Magelone kam, fand er sie in Tränen. Ihr Vater wollte sie an einen anderen Mann verheiraten. „Er wird mir den Tod geben", sagte sie, „denn ich will keinem anderen gehören als Euch. Darum, mein Liebster, findet Mittel und Wege, dass wir miteinander fliehen, denn Ihr habt gelobt, mich nie zu verlassen." Peter zögerte nicht. Nach drei Tagen kam er abends mit zwei Pferden. Magelone nahm Gold und Silber mit, und sie ritten fort durch den wilden Wald bis zum Meer. Als sie fern genug von der Stadt waren, hob Peter die schöne Magelone vom Pferd, und da sie müde vom Reiten war, legte sie ihren Kopf in Peters Schoß und schlief ein. Peter schaute sie an und konnte sich gar nicht satt sehen an ihrer Schönheit. Als er ihren roten Mund lange angeblickt hatte, wollte er auch ihre schöne weiße Brust betrachten. Er schnürte ihr das Mieder auf, da sah er ein rotes Beutelchen zwischen ihren Brüsten. Darin fand er die drei Ringe, die er ihr geschenkt hatte. Er legte das Säckchen neben sich auf einen Stein. Dann versank er in die Betrachtung seiner Liebsten.

Ein Vogel hielt das rote Beutelchen für ein Stück Fleisch, stieß herab, nahm es und flog fort. Peter verfolgte den Vogel, der aber ließ die Ringe über dem Meer fallen. Peter sprang in einen Kahn, der dort lag, und wollte hin zu der Stelle, da kam ein starker Wind auf und trieb das Schifflein auf die offene See. Peter war verzweifelt und beklagte das Schicksal der verlassenen Magelone mehr als sein eigenes. Ein Schiff aus dem Morgenland kam vorbei, die Seeleute zogen ihn aus dem Kahn, brachten ihn nach Alexandria und schenkten ihn dem Sultan.

Als Magelone erwachte, fand sie sich allein. Erst fürchtete sie, Peter habe sie verlassen, als sie aber die beiden Pferde sah, war ihr klar, dass er nicht absichtlich von ihr geschieden war. Sie beklagte ihr Unglück und das ihres Allerliebsten. Zu ihren Eltern konnte sie nicht zurück, daher beschloss sie, Peter in der ganzen Welt zu suchen. Endlich kam sie zur Landstraße nach Rom, dort begegnete ihr eine Pilgerin, und sie überredete die Frau, mit ihr die Kleider zu tauschen. Wie eine Büßerin zog sie in die heilige Stadt, ging in die Peterskirche und betete für ihren Gemahl. Dann entschloss sie sich, in die Provence aufzubrechen, denn dort, so glaubte sie, werde sie am ehesten etwas von Peter hören. Sie reiste nach Aigues Mortes, einer Hafenstadt in seiner Heimat. Dort erzählte man ihr, dass der Graf und die Gräfin in großer Trauer seien, weil ihr Sohn nicht zurückgekommen war und sie fürchten mussten, er sei tot. Magelone blieb in dem Land, um Gott zu dienen in der Hoffnung, doch noch einmal etwas von Peter zu erfahren. Auf einer Insel nahe dem Hafen ließ sie von dem Gold, das sie behalten hatte, ein Kirchlein bauen, das nannte sie St. Peter, dazu ein Spital mit drei Betten. Hier pflegte sie die Kranken, und alle Menschen sagten, sie sei eine heilige Frau.

Magelone wird als Krankenpflegerin tätig und ergreift damit einen der wenigen Berufe, die einer adligen Frau möglich waren. Als die Geschichte in der Romantik von Ludwig Tieck wiedererzählt wurde, entsprach das nicht dem gängigen Frauenbild. Da baut Magelone kein Spital, sondern wartet, mit Schäfchen spielend, auf einer Frühlingswiese auf ihren Peter.

Eines Tages fingen die Fischer einen besonders schönen Fisch und schenkten ihn dem Grafen. Als er in der Küche zubereitet werden sollte, fand der Koch im Magen ein rotes Beutelchen. Eine Magd brachte es der Gräfin, und diese öffnete es. Sie fand darin die drei Ringe, die sie ihrem geliebten Sohn gegeben hatte. Da weinte sie heftig und war sich sicher, dass Peter tot war. Sie klagte Magelone, der Spitälerin, ihr Leid. Diese ließ sich die Ringe zeigen und wie sie sie erkannte, wäre ihr Herz vor Leid fast zerbrochen, aber sie fasste sich und sagte: „Gnädige Frau, gebt die Hoffnung nicht auf! Vielleicht hat Euer Sohn die Ringe verloren, und Gott führt ihn bald zu Euch zurück." Währenddessen nahm Peter am Hof des Sultans alle Leute durch seine Geschicklichkeit in höfischen Dingen für sich ein. Jedermann schätzte ihn, und seinem Herrn war seine Gesellschaft lieber als die aller anderen. Peters Herz aber war immer bei seiner Magelone. Vielleicht wussten Vater und Mutter, wo sie war? Eines Tages bei einem großen Fest sprach er den Sultan an und erbat seine Zustimmung, dass er in die Provence reisen dürfe. Der Sultan gab im Gold und Silber, Peter ließ den Schatz in 14 Fässchen füllen und schüttete Salz darauf. Als alles gerichtet war, fand er ein Schiff, mit dem er in die Provence fahren konnte. Die Fässchen, so sagte er, wolle er einem Spital schenken. Das Schiff lief unterwegs eine Insel an, um Wasser aufzunehmen. Peter stieg ans Land und ging auf der Insel umher. Da fand er die lieblichsten Blumen, und die lieblichste erinnerte ihn an Magelone: So wie diese alle Blumen an Schönheit überträfe, so sei Magelone die schönste Frau vor allen anderen Frauen. Er empfand tiefen Schmerz und legte sich in die Blumen. Nun kam ein günstiger Wind auf. Die Seeleute ließen Peter suchen, fanden ihn aber nicht. Darauf spannten sie die Segel und legten ab. In der Provence erinnerten sie sich an die Fässchen und dass Peter gesagt hatte, er wolle sie in ein Spital geben. So schenkten sie sie Magelones Spital St. Peter neben dem Hafen.

Als Magelone eines Tages Salz benötigte, öffnete sie ein Fässchen und fand darunter das Gold, sie entdeckte schließlich den ganzen Schatz. Sie ließ davon die Kirche und das Spital vergrößern und betete zu Gott für den armen Menschen, dem die Fässchen gehört hatten.

Als Peter auf der einsamen Insel erwachte und sich allein fand, war seine Verzweiflung groß. Er bat Gott um den Tod, doch der Allmächtige verlässt die Seinen nicht. Ein Boot legte an, und die Fischer fanden Peter wie tot da liegen. Sie brachten ihn in ein Spital in der nächsten Stadt, lange lag er dort. Dann hörte er Seeleute in seiner Muttersprache reden. Er schloss sich ihnen an und segelte mit ihnen in die Provence. Auf dem Schiff rieten sie dem Kranken, im Spital St. Peter Genesung zu suchen. In Aigues Mortes ließ er sich zu der Insel bringen, wo Kirche und Spital lagen. Magelone, die Spitälerin, nahm ihn auf, legte ihn auf weiße Betttücher und pflegte ihn, wie sie es mit allen Kranken tat. Sie pflegte ihn so gut, dass er in seinem Herzen sagte: „Sie ist eine Heilige." Eines Tages, als Peter an seine Magelone dachte, seufzte er tief und schwer. Die Spitälerin fragte ihn nach seiner Trübsal. Da erzählte ihr Peter seine Geschichte, und sie wusste jetzt, dass er ihr allerliebster Gemahl war. Doch sie wollte sich noch nicht zu erkennen geben, sondern sagte: „Liebster Freund, seid nicht traurig. Wendet Euch an Gott, er hat Euch bisher beschützt und wird Euch auch alle Freuden schenken." Sie ging in die Kirche, weinte vor Glück und dankte Gott. Darauf ließ sie sich königliche Kleider machen. Als diese fertig waren, holte sie Peter, ließ ihn sich hinsetzen und warten, bis sie wieder zurückkäme. Sie zog die königlichen Kleider an, setzte aber den Schleier wieder auf, so dass man nur ihre Augen und ihre Nase sehen konnte. So ging sie zu Peter. „Edler Ritter, seid froh. Hier vor Euch steht Eure liebste Gemahlin Magelone. Ich bin die, die Ihr im Wald verloren habt. Ich bin die, die die goldene Kette um Euren Hals gelegt hat. Ich bin die, der Ihr die drei Ringe gegeben habt. Schaut mich an, ob ich dieselbe bin." Damit warf sie ihren Schleier ab und ihr schönes Haar fiel wie Fäden aus Gold herunter. Peter sprang auf, warf sich ihr um den Hals, sie küssten sich und beide weinten vor Freude. Zuerst konnten sie kein Wort sprechen, doch dann erzählten sie sich ihre Geschichten. Den ganzen Tag taten sie nichts anderes, als sich zu küssen und über das vergangene Unglück zu sprechen.

Sie holten seine Eltern, und er fiel ihnen zu Füßen. Sie hoben ihn auf, umarmten und küssten ihn. Alle Leute des Landes empfingen ihn mit großen Freuden. Der Bischof gab Peter und Magelone zusammen, und sie richteten ein großes Fest aus. Peter übernahm die Herrschaft von seinem Vater, und sie führten ein glückseliges Leben. Ihr Sohn wurde König von Neapel und Graf der Provence. Als sie starben, wurden sie nebeneinander in der Kirche St. Peter begraben. Noch heute heißt die Insel nach Magelone: Maguelonne. Ihre Standhaftigkeit und ihre Tatkraft hatten das gemeinsame Glück möglich gemacht.

Veit Warbeck, ‚Die schön Magelona' (1535)

Agnes Bernauer und Herzog Albrecht

Liebe gegen die Adelswelt

**Liebeszauber, ein todeswürdiges Verbrechen –
so lautete die Anklage.**

Agnes Bernauer wurde am 12. Oktober 1435 zu Straubing ertränkt. Es war eine öffentliche Hinrichtung. Ihr Vergehen? Eine unstandesgemäße Liebe.

In der Liebe konnte die Überschreitung der gesellschaftlichen Schranken tödlich sein. Der schönen Baderstochter Agnes Bernauer kostete sie das Leben. Sie gehörte von Geburt an zu den unehrlichen Leuten, war Angehörige eines unsauberen und unlauteren Gewerbezweiges; außer Badern zählten Schäfer, Gassenkehrer und Barbiere dazu. In den stark frequentierten Badestuben des späten Mittelalters ging es nicht nur um Reinlichkeit, sondern mindestens so sehr um Vergnügen, um Spiel und Musizieren, aber auch sexuelle Dienstleistungen wurden mitunter angeboten. Wozu die um 1411 in Augsburg geborene Agnes im väterlichen Hause herangezogen wurde, wissen wir nicht, aber als Baderin war ihr Ruf nicht der beste, stand den Frauen des Freien Gewerbes nah.

Herzog Albrecht von Bayern-München zerbrach im Jahre 1428 beim Faschingsturnier in Augsburg viele Speere. Er war ein Liebhaber der Geselligkeit, der Musik und der schönen Frauen. Als er nach dem Stechen das Bad des Bernauers besuchte, fiel ihm die hoch gewachsene Tochter des Baders ins Auge. Mit ihrer weißen Haut und ihrem blonden Haar sah die Achtzehnjährige aus wie eine Adlige. Albrecht verliebte sich auf der Stelle in sie, aber diesmal blieb es nicht, wie sonst, bei einer kurzen Affäre. Wie ärgerten sich die Verwandten, als er sie mit auf sein Schloss nahm und als seine Gefährtin präsentierte. Da musste man einschreiten: Man versuchte, ihn mit einer standesgemäßen Partnerin zu verheiraten; ein Liebesverhältnis mit einer ständisch so weit unten angesiedelten Frau bedeutete

kein Hindernis dafür. Albrecht lehnte ab: Er sei bereits verehe-
licht. Wie das? Er hatte mit Agnes eine heimliche Ehe geschlossen. Die Zustimmung der Ehepartner und nicht die Segnung
durch den Priester machte eine Ehe gültig. „Ich nehme dich,
Agnes, zu meiner Frau", hatte der Herzog gesagt und sie: „Ich
nehme dich, Albrecht, zu meinem Mann." Albrecht durfte keine
andere Frau ehelichen. Agnes konnte nicht als „Schlafweib"
abgeschoben werden. Albrecht hatte ganz klar gemacht, dass
sie seine Frau fürs Leben war. So ist sie auch auf dem Gedenk-
stein, den sein Vater ihr nach ihrer Hinrichtung widmete, darge-

*Bademädchen. Österreichische Nationalbibliothek Wien; Wenzelsbibel,
Codex Vindobonensis 2759–2764, fol. 26r.*

stellt: Sie trägt einen Verlobungs- und einen Trauring an der rechten Hand.

Vor Gott und vor der Kirche war die heimliche Ehe in vollem Umfang gültig, anders sah es mit dem weltlichen Recht aus. Die Kinder aus solchen Verbindungen waren Nachkommen aus öffentlichen Ehen nicht gleichgestellt, Söhne konnten nicht die Herrschaft des Vaters erben. Anstiftung und Beihilfe zur heimlichen Ehe wurde sogar als Kuppelei bestraft. „Lustheiraten" schadeten nicht nur der Standesehre, sondern setzten den Fortbestand des Hauses aufs Spiel. Natürlich konnte Agnes nicht Herzogin werden, aber um sie wenigstens etwas abzusichern, kaufte Albrecht ihr einen Bauernhof in der Nähe von München, nahe der Blutenburg. Diese wurde ihre Zuflucht, dort konnten sie ungestört beisammen sein.

Fünf Jahre nach dem folgenschweren Besuch der Badstube, im Jahre 1433, setzte Albrechts Vater, Herzog Ernst, seinen Sohn als Statthalter in Straubing ein. Zum Ärger des Vaters erhielt Agnes eine Wohnung im Schloss. Zuvor war die gemeinsame Tochter Sibylle geboren worden, und die anfängliche Toleranz des Vaters gegenüber dem „Schlafweib" seines Sohnes begann sich zu wandeln. Die Herzogsfamilie hatte lange auf ein baldiges Ende der Beziehung gehofft, nun wurde sie jedoch politisch gefährlich, denn die Adligen des Landes rebellierten. Albrechts heimliche Ehe verletzte ihr Standesbewusstsein. Bei einem Turnier in Regensburg verwiesen die Ritter ihn vom Platz. Sie konnten sich dabei auf die Turnierregel berufen. Ein Turnier diente der Selbstdarstellung und Selbstvergewisserung des Adels. In den Richtlinien für die Teilnahme hieß es, Ehebrecher und Männer, die mit einer Konkubine zusammenlebten, dürften nicht turnieren.

Die empfindliche Kränkung alarmierte Albrecht. Agnes scheint die drohende Gefahr gespürt zu haben, wollte, zumindest für die

Nachwelt, ihren Platz an der Seite ihres herzoglichen Gemahls behaupten. Sie stiftete einen Altar im Straubinger Karmeliterkloster mit der Maßgabe, einmal im Kreuzgang begraben zu werden. Sie sicherte sich damit eine letzte Ruhestätte, die ihr als Baderstochter nicht zukam, die sie allerdings aufgrund ihrer Stellung als heimliche Gemahlin Herzog Albrechts beanspruchen wollte.

Der Konflikt mit Herzog Ernst spitzte sich zu, als dessen Bruder Wilhelm starb. Jetzt war die Erbfolgefrage aktueller denn je. Die Ehe mit Agnes hinderte den einzigen Sohn an einer standesgemäßen Heirat mit erbberechtigten Nachkommen. So entschloss sich der Vater zur radikalen Lösung: Agnes sollte beseitigt werden. In Abwesenheit Albrechts wurde sie vor dem Hofgericht angeklagt. Ihr wurde Liebeszauber vorgeworfen. Wie wäre sonst zu erklären, dass Albrecht eine solche Ehe eingegangen war? Zusätzlich beschuldigte man Agnes, sie habe Giftmordanschläge geplant. Sie habe ihrem Mann die Erbfolge sichern wollen, indem sie Herzog Ernst und den Sohn seines Bruders Wilhelm, den möglichen Thronfolger, zu beseitigen plante. Das bedeutete einen Anschlag auf das Haus Wittelsbach, auf eine der bedeutendsten Dynastien des Reiches, und war Hochverrat.

Im Prozess bestand Agnes darauf, die legitime Frau Albrechts zu sein. Sie lehnte Herzog Ernst als Gerichtsherren ab und verlangte, als Herzogin behandelt zu werden. So konnte der Ankläger sie leicht als anmaßende Person hinstellen, die ohne jede Rücksicht auf das Wohl des Landes nur ihre Interessen vertrat und der zur Durchsetzung ihres unrechtmäßigen Anspruchs alle Mittel bis hin zu Zauber und Mord recht waren. Diese Taten hätten als vorsätzliche Verbrechen zu gelten, und dafür wurde sie zum Wassertod verurteilt. So wurden vornehmlich Frauen hingerichtet. Gegenüber dem Feuertod, den Zauberer und Zauberinnen zumeist erdulden mussten, konnte man das Ertränken noch als Milderung betrachten. Der Henker band ihr Hände und Füße und warf sie am 12. Oktober 1435 vor dem Straubinger Volk in die Donau. Sie konnte sich noch eine Weile über Wasser halten, schwamm zum Gestade und rief um Hilfe, der Henker aber drückte sie mit einer Stange in den Fluss. Eine misslungene Hinrichtung wäre als Gottesurteil zu Gunsten von Agnes ausgelegt worden.

Als Albrecht von der Hinrichtung erfuhr, soll er wie tot zu Boden gefallen sein und Vergeltung geschworen haben. Er richtete für Agnes eine große Stiftung für den Altar bei den Karmeliten von Straubing ein; dort wurde sie auch, wie sie es sich gewünscht hatte, begraben. Er plante einen Krieg gegen den Vater, der Kaiser selbst wurde um Vermittlung angerufen. Herzog Ernst musste etwas für das Seelenheil der vorgeblichen Zauberin tun. Er stiftete eine Kapelle für Agnes. Dort zeigt eine rote Marmorplatte ihr idealisiertes Bildnis – als Ehefrau seines Sohnes.

Nach einem Jahr wurde Albrecht Mitregent seines kranken und alten Vaters. Erst über ein Jahr später beugte er sich der politischen Raison und schloss eine standesgemäße Ehe. Agnes vergaß er nicht. Mit der Siegelung des Heiratsbriefes wartete er bis zum Fest ihrer Namensheiligen am 21. Januar 1437.

Jedes Jahr wurde der Hinrichtungstag mit einem Seelenamt begangen, am Altar sollte ein ewiges Licht brennen. Das Denkmal in der Kapelle im Friedhof St. Peter in Straubing zeigt eine fromme Frau mit einer langen Gebetskette in der Kleidung einer vornehmen Patrizierin, als „ehrbar und ehrsam", wie Herzog Albrecht sie in seiner ewigen Mess-Stiftung genannt hatte. Keine Zauberin, sondern eine Frau, die ihre Liebe gegen die Adelswelt nicht durchzusetzen vermochte.

Albrecht III. von Bayern (1401–1460)
Agnes Bernauer (um 1411–1435)

Heinrich und die Bauerntochter

Vor Gott sind alle gleich

„Bevor er zugrunde geht, will ich statt seiner sterben" – dazu entschließt sich die achtjährige Bauerntochter, um ihren Herrn zu retten.

Heinrich von Aue war das Musterbild eines Ritters. Er war freigebig und zuverlässig, mutig und gebildet – so genoss er alle Ehren in der Welt. Von der Höhe seines weltlichen Glücks stürzte er in eine furchtbare Krankheit: Er wurde aussätzig. Zuerst versuchte er, Heilung zu finden, und reiste nach Frankreich und Italien zu den berühmtesten Ärzten. In Salerno sagte man ihm, dass seine Krankheit zwar heilbar sei, er jedoch niemals gesund werden könne, denn das Heilmittel zu erlangen sei unmöglich: das Herzblut einer Jungfrau. Heinrich erkannte, dass ihm niemand helfen konnte. Er musste sein bisheriges Leben aufgeben und sich von den Leuten zurückziehen. Er fand einen Bauern, der ihn aufnahm – so musste er nicht in ein Leprosorium, ein Aussätzigenheim.

Der Bauer hatte eine Tochter im Alter von acht Jahren. Sie hatte keine Scheu vor dem entstellten Kranken, wich vielmehr keinen Fußbreit von ihm und bemühte sich immerzu um ihn. Sie hatte nicht nur ein liebevolles Herz, sondern war auch so schön, dass sie dem Kaiser als Kind angemessen gewesen wäre. Heinrich versuchte, ihre Freundlichkeit zu vergelten und schenkte ihr Dinge, die das junge Mädchen erfreuen sollten: Spiegel und Haarschleifen, Gürtel und Ringlein. So brachte er sie dazu, dass sie ihm ganz vertraut wurde. Seine Braut nannte er sie.

Als der arme Heinrich drei Jahre auf dem Hof verbracht hatte, fragte ihn der Bauer, warum keiner der vielen gelehrten Ärzte ihm helfen konnte. Heinrich seufzte tief und erklärte: „Ich habe diese Krankheit verdient. Du hast ja gesehen, dass mein Tor zur Weltfreude hoch offen stand und niemand mehr nach seinem

163

Willen lebte als ich. Ich hatte nur mich selbst im Blick und kümmerte mich nicht um Gott, der mir dieses Wunschleben geschenkt hatte. Diesen Hochmut bestrafte Gott mit dieser Krankheit, die niemand zu heilen vermag. Jetzt wenden sich alle von mir ab, nur du erzeigst mir Treue, indem du mich bei dir lässt und nicht vor mir fliehst. Du, deine Frau und meine Braut, ihr verdient durch mich das ewige Leben. Ich sage dir gern, wonach du mich gefragt hast: Zur Heilung meiner Krankheit ist etwas erforderlich, das für keinen Menschen auf dieser Welt zu haben ist. Es wurde mir nämlich gesagt, dass eine Jungfrau, die voll mannbar und entschlossen wäre, für mich zu sterben, mir das Blut ihres Herzens schenken müsste. Es ist völlig unmöglich, dass irgendeine für mich den Tod auf sich nimmt. Deshalb muss ich in Schande und Leid leben bis zu meinem Ende.

Das Mädchen hörte seine Worte und merkte sie sich genau. Als sie sich abends zu Füßen ihres Vaters und ihrer Mutter hingelegt hatte, seufzte sie wieder und wieder, und ihr kamen die Tränen. Das weckte die Eltern auf. Sie fragten sie, was für einen Kummer sie hätte. Sie antwortete, sie empfände Schmerz um ihren Herrn. „Wie er uns gesagt hat, kann man ihn retten. Wenn ihr mich nicht daran hindert, bin ich als Heilmittel für ihn recht. Ich bin eine Jungfrau und will statt seiner sterben."

Der Vater verbot ihr, weiter davon zu reden, denn das sei nichts für sie: „Tochter, du traust dir in deiner Liebe zu viel zu. Du kennst den Tod nicht. Wenn für dich der Augenblick kommt, dass du sterben musst, so würdest du weiterleben wollen."

Die Tochter entgegnete: „Wenn ich auch ein Kind bin, so habe ich doch genug Verstand, dass ich vom Erzählen den Tod kenne. Wer lange in Mühsal lebt, dem geht es nicht gut. Wenn er auch sein Leben mit großen Nöten bis zum Alter bringt, muss er ohnehin sterben. Verliert er dann auch noch das Heil der Seele, so wäre er besser nie geboren. Ich aber habe die Möglichkeit, mein junges Leben für das ewige Leben zu geben." Die Mutter weinte, als sie sich klar machte, dass ihre Tochter es ernst meinte: „Du versündigst dich an uns! Gott hat geboten, dass man Vater und Mutter ehren soll. Du wirst uns beiden das Leben verleiden. Nur durch dich haben wir Freude." Das Mädchen entgegnete: „Ich muss mich eurem Willen fügen, das ist meine Pflicht. Also möge es mit eurer Zustimmung geschehen, dass ich dieses vergängliche Leben aufgebe und das Himmelreich gewinne. Ihr werdet doch nur kurz eure Freude an mir haben. Bleibe ich unverheiratet bei euch, so ist mein Herr wohl tot, und wir kommen in so große Not, dass ihr mir dann nicht genug Heiratsgut für einen Mann geben könnt. Ich müsste so erbärmlich leben, dass euch lieber sein müsste, ich wäre tot. Wenn aber mein lieber Herr uns erhalten bleibt, bis man mich einem Mann zur Ehe gibt, der reich und angesehen ist, dann wäre geschehen, was ihr wünscht und ihr glaubt, das sei gut für mich. Mein Herz sagt mir etwas anderes: Wird er mir lieb, ist es eine Qual, wird er mir zuwider, ist es der Tod. In jedem Fall gibt es vieles, was uns Frauen zu schaffen macht und uns die Freude raubt. Ich will einen Bräutigam nehmen, der mir ein schönes Leben bietet: Seine Wirtschaft läuft aufs Beste, sein Hof ist mit allem ausgestattet, dort stirbt weder Pferd noch Kuh, dort plagen nicht weinende Kinder. Da gibt es weder Frost noch Hunger, nicht Feindschaft und Hass, es gibt überhaupt kein Leid, immer herrscht Frühlingswetter; Sturm, Hagel und Überschwemmung kennt man nicht. Erlaubt also, dass ich mich zu unserem Herrn Jesus Christus wende, der mir ebenso große Liebe wie einer Königin entgegenbringt."

Das Mädchen schildert in drastischen Worten die Situation einer Bauerntochter. Ohne Heiratsgut muss sie niedere Dienste leisten, sich als Magd verdingen, aber selbst wenn sie eine gute Heirat eingeht, so ist das Leben doch durch Entbehrungen und Gefahren gekennzeichnet.

Als die Eltern ihre Tochter so weise reden hörten, glaubten sie, solcher Verstand müsse vom Heiligen Geist eingegeben sein, und sie erkannten, dass sie sie nicht von dem abbringen wollten und sollten, was sie sich vorgenommen hatte. Darüber freute sich das liebe Mädchen. Als der Tag kaum angebrochen war, weckte sie ihren Herrn und verkündete ihm: „Euch wird Hilfe zuteil werden. Ihr habt uns doch gesagt, wenn Ihr eine Jungfrau hättet, die den Tod für Euch erlitte, würdet Ihr geheilt. Die will ich selber sein. Euer Leben ist wichtiger als meines." Heinrich entgegnete: „Ich erkenne Dein liebes Herz. Deine Absicht ist gut, aber Du kannst mir das nicht geben, was Du da gesagt hast. Wenn ich Deinen Entschluss annehmen und Ernst damit machte, würde es dir sehr schnell leid tun." Als aber auch die Eltern erklärten, sie seien ganz einverstanden, dass ihre Tochter den Tod für ihn erlitte, war Heinrich sehr im Zweifel, was besser wäre, das Opfer anzunehmen oder es nicht zu tun. Endlich aber entschloss er sich, dankte allen dreien für ihre Liebe und rüstete sich für Salerno. Schnell besorgte man schöne Pferde und herrliche Gewänder für das Mädchen. Sie nahm einen tränenreichen Abschied von ihren Eltern; einzig die Güte Gottes machte ihre Not erträglich.

Fröhlich und begeistert zog das Mädchen mit ihrem Herrn nach Salerno, und als sie den Arzt aufsuchten, konnte Heinrich diesem sogleich voll Freude mitteilen, er habe eine Jungfrau mitgebracht, die ihm ihr Herzblut geben wollte. Das erschien dem Arzt unglaubhaft, und er fragte das Mädchen, ob Bitten oder Drohungen ihres Herrn sie dazu gebracht hätten. Das Mädchen antwortete, dieser Entschluss komme aus dem eigenen Herzen. Der Arzt wies sie darauf hin, dass ihr Opfer nichts helfen könnte, wenn sie ihr Leben nicht in vollster Überzeugung hingebe. Er stellte ihr vor Augen, was ihr widerfahren würde: Sie müsse sich nackt ausziehen, werde an Beinen und Armen gebunden und dann schnitte man ihr das Herz lebendig heraus. Er beschwor sie, davon zurückzutreten, aber das Mädchen sagte lachend, sie habe überhaupt keinen Zweifel. Sie habe die Kraft, den Schnitt zu erleiden, wenn er ihn wage. Sie habe ebenso wenig Angst davor, wie wenn sie zum Tanz gehen sollte. Kein körperlicher Schmerz sei so groß, dass er nicht einen guten Preis für das ewige Leben bedeute. Der Tod sei ein süßes Leid, denn ihr winke ein sicherer Lohn: die Himmelskrone. Daraufhin führte er sie in einen Raum, wo ihr Herr nicht zusehen konnte. Er schloss die Tür ab und schob den Riegel davor. Er wollte ihn nicht sehen lassen, wie ihr Ende sein würde. Er ließ das Mädchen sogleich die Kleider ausziehen, darüber war sie froh und glücklich, sie schämte sich nicht ein bisschen. Als der Arzt sie anblickte, sagte er sich, dass es ein schöneres Geschöpf auf der ganzen Welt nicht gäbe. So heftiges Mitleid fühlte er, dass sein Mut beinahe verzagte. Er band sie fest auf einem Tisch und nahm ein scharfes Messer, wie er es zu solchen Zwecken benutzte. Nun war es jedoch nicht scharf genug, und er begann das Messer auf einem Wetzstein zu streichen. Das hörte draußen der arme Heinrich, und es tat ihm zutiefst leid, dass er das Mädchen niemals mehr lebend sehen sollte. Er suchte und fand ein Loch, das durch die Wand ging, und er erblickte sie durch die Ritze nackt und gebunden. Da schaute er sie an und sich und fasste einen neuen Entschluss. Ihm erschien jetzt nicht mehr richtig, was er bisher gedacht hatte, und ganz schnell verwandelte sich sein altes Ich in ein neues, besseres Selbst. „Sie ist so schön, du bist so hässlich. Du weißt gar nicht, was du tust. Warum erträgst du das Leben, das Gott dir zugeteilt hat, nicht, wenn du nicht einmal sicher bist, dass des Kindes Tod dich wirklich rettet. Was Gott dir geschickt hat,

das soll geschehen! Ich will des Mädchens Tod nicht sehen!"
Heinrich schlug heftig an die Wand, der Arzt wehrte ab: „Ich
habe jetzt keine Zeit, Euch aufzumachen. Wartet, bis das vorbei
ist!" Heinrich aber ließ nicht nach, bis der Arzt die Tür öffnete:
„Dieses Kind ist so wunderschön, ich will seinen Tod nicht
sehen. Ihr müsst das Mädchen leben lassen." Das hörte der
Meister von Salerno mit Freuden und band das Mädchen los.
Als sie begriffen hatte, dass sie nicht sterben sollte, verlor sie
alle Selbstbeherrschung. Sie schlug sich an die Brüste und
raufte sich die Haare. Bitterlich schrie sie: „Muss ich so die
Himmelskrone verlieren? Sie wäre mir zum Lohn für dieses
Leiden gegeben worden." Sie bat immer wieder um den Tod,
aber ihre Bitten waren umsonst. Heinrich ertrug ihre Worte mit
Fassung. Ungeheilt zog er sofort wieder heim in sein Land,
obwohl er genau wusste, dass dort nur Schimpf und Schande
auf ihn warteten. Indessen hatte sich das Mädchen fast zu Tode
geweint und geklagt. Da erkannte Gott ihre Aufrichtigkeit und
ihr Leid und die gläubige Ergebung Heinrichs. Darum nahm er
ihnen beiden ihre Not und machte ihn gesund, wie ein Zwanzig-
jähriger sah er aus. Im ganzen Land verbreitete sich die Nachricht, dass Gott ein Wunder an ihm gewirkt hatte. Alle kamen
ihnen entgegen, auch der Bauer und seine Frau. Es gab nie
eine größere Freude, als die, die die beiden empfanden. Heinrich übertrug ihnen den großen Hof, wo er als Kranker gelegen
hatte, zum Eigentum. Seine Braut versorgte er mit allem, was
einer Edelfrau zukam.
Jetzt begannen seine Vertrauten, ihm zur Ehe zu raten. Er berief
die Versammlung seiner Verwandten und Lehnsleute ein. Sie
erklärten, eine Heirat wäre richtig und an der Zeit, waren sich
aber uneins, zu welcher Frau sie ihm raten sollten. Darauf
erklärte Herr Heinrich: „Euch ist bekannt, dass ich bis vor kurzem
sehr verunstaltet war. Gottes Wille hat mir meine Gesundheit

zurückgegeben. Ihr wisst alle genau, dass ich durch dieses liebe Mädchen, das Ihr hier neben mir stehen seht, gesund geworden bin. Sie ist ebenso frei wie ich und Herz und Verstand raten mir, sie zur Frau zu nehmen. Wenn Ihr nicht zustimmt, so will ich unverehelicht sterben, denn Ehre und Leben habe ich allein durch sie." Alle stimmten zu, die Geistlichen gaben sie ihm zur Frau. Nach einem langen Leben erbten sie beide das Himmelreich.

Eine in vielem rätselhafte Geschichte, die Hartmann von Aue um 1200 erzählt. Manche Fragen bleiben offen: Ist die Krankheit, die Heinrich befällt, eine Strafe für seine Weltverfallenheit, wie er selbst zu glauben scheint? Oder ist sie eine Prüfung, ob er auch in tiefstem Leid seine Menschlichkeit bewahrt? Was bewegt das Mädchen, ihr Leben zu opfern? Liebt sie Heinrich so sehr, oder ist es wirklich die Sehnsucht nach dem Himmelreich? Und warum nimmt Heinrich im letzten Augenblick das Opfer nicht an? Liebt, ja begehrt er seine kleine Braut? Oder sieht er in ihr den reinen, unschuldigen Menschen? Und schließlich die Heirat: In der mittelalterlichen Ständegesellschaft führt sie zur Standesminderung der Nachkommen, daher dürften die Verwandten nicht zustimmen. Es ist ein utopischer Schluss aus dem Glauben, dass wahre Nächstenliebe keine Stände kennt, sondern alle Menschen gleich macht.

Hartmann von Aue, ‚Der arme Heinrich' (um 1200)

Eneas, Dido und Lavine

Falsche und richtige Liebe?

„Jede Frau ist ohne Freude, die auf eine solche Liebe verzichten muss", denkt die junge Königstochter Lavine, nachdem sie Eneas zu ihrem Ehemann gewonnen hat.

Die Geschichte des Trojaners Eneas, der über Karthago nach Italien kommt und dort durch die Heirat mit der Tochter des Latinus zum Stammvater der römischen Herrscher wird, ist im Mittelalter nach dem Epos Vergils neu erzählt worden. Die Liebesthematik hat in der zweiten Hälfte des 12. Jahrhunderts eine große kulturelle Bedeutung gewonnen. In ihr fand der weltliche Adel einen literarischen Gegenstand, der die Darstellung von persönlichem Glücksbedürfnis und dynastischen Bedingungen ermöglichte. Eneas erlebt eine sinnlich erfüllte, aber gesellschaftlich problematische Liebe mit der Karthagerin Dido und findet in eine Ehe mit Lavine, die Gefühle und politischen Nutzen vereint. Erst bei Lavine wird Eneas, genau wie sie, nunmehr vom Pfeil der Liebesgöttin getroffen. Der Erzähler benutzt die aus der antiken Literatur gelernte Liebespsychologie zur Charakterisierung seiner Figuren: im Entstehen, in der Qual und im – für Dido nur kurzen – Liebesglück. Dass dies bei Eneas und Lavine nicht erzählerisch dargestellt wird, ist kein Zufall: Die politische Bedeutung dieser Ehe ist wichtiger als die emotionale.

Eneas und Dido

Der Trojaner Eneas war schon durch seine Abkunft zur Liebe bestimmt: Die Göttin Venus war seine Mutter, Gott Cupido sein Halbbruder. Als die Griechen Troja erobert hatten, gelang Eneas die Flucht. Mit einer Schar von Getreuen kam er an die Küste Karthagos, wo nach dem Tode ihres Mannes die mächtige Dido herrschte. Die Boten des Eneas nahm sie freundlich auf, sie bot Eneas Besitz und Ehren, gern könne er sich bei ihr ansiedeln.

Dido empfängt Eneas. Heinrich von Veldeke (um 1145–um 1200), Eneas, 1170/85.
Universitätsbibliothek Heidelberg; Cod. Pal. germ. 403, Hans Coler, Straßburg, 1419, fol. 17r.

Der Trojaner ritt in seiner prachtvollsten Kleidung in die Stadt ein, viele Mädchen und Frauen schauten zu und bewunderten den Helden, Dido gab ihm den Willkommenskuss. Da bewirkten Venus und Cupido, dass sie sich heftig in Eneas verliebte: Als Dido Ascanius, den Sohn des Eneas, küsste, pflückte sie von seinen Lippen die zerstörerische Leidenschaft.

Eneas bemerkte nicht, dass Venus ihren Pfeil in Didos Herz geschossen hatte. Sie litt alle Qualen, sie wurde rot und bleich, Hitze überkam sie und gleich darauf Kälte. Nach dem Mahl forderte sie ihn auf, ihr seine Geschichte zu erzählen. Die ausgestandenen Leiden machten ihn ihr umso teurer. Gebannt lauschte sie dem Klang seiner Stimme und bedauerte nur, dass die Zeit zu schnell vorbei war. Sie führte ihn in sein Schlafgemach, wo ein prachtvolles Bett bereitet war. Gern hätte sie sich dort am Liebesspiel erfreut, aber sie musste sich zurückziehen. Die Liebe bedrängte sie sehr und raubte ihr den Schlaf. Sie versuchte dies und jenes, stieg schließlich aus dem Bett und legte sich auf den Fußboden, aber die ganze Nacht kämpfte sie mit ihrem Begehren und kam nicht zur Ruhe. „Dies ist die längste Nacht, die es je auf der Welt gab", dachte sie. Ihr Kopfkissen schloss sie fest in ihre Arme und presste immer wieder ihren Mund darauf. Dann bemerkte sie, dass Eneas nicht bei ihr lag, und es ging ihr noch schlechter. Sie stand schließlich auf, kleidete sich allein an und ließ ihre Schwester Anna holen. Ihr gestand sie, dass sie sich in den Fremden verliebt hatte, und diese hielt ihn für eine glückliche Wahl: Er sei von hohem Adel, schön und tapfer und von einnehmendem Wesen. Sie solle ihm ihre Liebe gestehen. Dido fürchtete, zurückgewiesen zu werden, aber Anna meinte, Eneas sei ihr ebenfalls geneigt und beherrsche sich nur, wie es Männern anstünde. So beschlossen die Schwestern, ihn zu beobachten, ob sie Zeichen von Liebe entdecken könnten.

Häufig war Dido jetzt um ihn, sie hatte keine Ruhe, wenn sie nicht mit ihm sprach. Sie hörte ihm freudig zu, gleichgültig, was er sagte. Sie wagte jedoch nicht, von ihrer Liebe zu sprechen. Als sie es nicht einrichten konnte, dass sie zusammenkamen, hatte sie den Gedanken, einen Jagdausflug zu veranstalten.

Die Verbindung von Jagd und Liebe ist ein traditionelles literarisches Motiv. Auf der Jagd begibt man sich in den wilden Wald, an einen Ort, wo die gesellschaftlichen Regeln gelockert, wenn nicht aufgehoben sind. Daher erhofft Dido von dem Jagdausflug eine größere Bereitschaft des Eneas, ihrem Liebesverlangen entgegenzukommen, denn sie nimmt an, nur Konventionen würden ihn daran hindern.

Dido wählte ihre Kleidung so, wie sie ihr am besten stand: ein weißes, eng anliegendes Unterkleid und ein grünes schmales Obergewand aus Seide. Man sah darin, dass sie eine schön gewachsene Frau war. Der Mantel war kurz und ihr schönes Haar hatte sie mit Bändern durchflochten. Vor dem Tor wartete Eneas mit seinen Rittern auf sie; er ergriff den Zaum und führte ihr Pferd. Wie Apollo ritt er einher, und sie glich der Jagdgöttin Diana.

Sie trafen auf reichlich Wild, allerdings achteten sie nicht recht darauf. Am Mittag zog ein schweres Unwetter auf; es begann zu stürmen, zu regnen und zu hageln. Eneas und Dido ritten zu einem großen Baum, er half der Herrin beim Absteigen, und sie führte es herbei, dass er ihren Schenkel berührte. Da wurde ihm das Blut heiß, und er bat sie, sie möge ihm das gewähren, wonach sie selbst doch so sehr verlangte. Dennoch zeigte sie weibliche Zurückhaltung. Eneas aber tat, was Venus ihm gebot: Er legte sie sanft auf den Boden und beider Wille erfüllte sich. Dido war glücklich, dass sie von der Wunde geheilt war, die ihr so große Qual bereitet hatte, aber sie hatte Bedenken, dass sie sich so schnell dem Begehren des Eneas gefügt hatte.

Die mittelalterlichen Verhaltensvorschriften für eine Frau sahen vor, dass sie sich dem körperlichen Verlangen des Mannes zunächst zu verweigern hatte, selbst wenn sie einverstanden war. In der Hochzeitsnacht musste das junge Mädchen ihre Jungfräulichkeit verteidigen und sich erst nach einigem Widerstreben hingeben. In der Literatur sind es zwar häufig die Frauen, die den Mann zur Liebe ermutigen, dennoch müssen sie die Zurückhaltende spielen. Dido macht sich also mit gutem Grund Gedanken, dass sie diesen Konventionen nicht gefolgt ist.

Eine Zeit lang verheimlichten die beiden ihr Verhältnis, aber als man begann, darüber zu reden, erklärte Dido öffentlich Eneas zu ihrem Mann und veranstaltete ein großes Hochzeitsfest. Die Mächtigen ihres Landes tadelten sie dafür, denn sie hatte bisher jede Werbung zurückgewiesen, weil sie gelobt hatte, nach dem Tod ihres Mannes ehelos zu leben. Es war ihr jedoch einerlei, was die Leute darüber sagten.

Unter den Landesfürsten hatten nicht wenige gehofft, durch eine Heirat mit Dido selbst die Herrschaft zu erringen. Die Hochzeit mit einem Landfremden, den sie für ständisch inferior hielten, kränkte nicht nur ihr Ehrgefühl, sondern die Würde des Landes. Damit hatte Dido ihre Pflichten vernachlässigt und ihre Herrschaft gefährdet.

Nach einiger Zeit erhielt Eneas Botschaft von den Göttern, er solle seine Fahrt nach Italien fortsetzen. Er wagte nicht, sich zu widersetzen, und ließ alles für die Abreise vorbereiten. Dido wäre nie auf den Gedanken gekommen, dass er sie verlassen könnte, bis das Gerücht aufkam, Eneas plane abzureisen.

„Ihr wollt Euch wegstehlen, heimlich wie ein Dieb", stellte sie ihn zur Rede. „Wer bringt Euch dazu?" Eneas führte den Willen der Götter an und dass es ihm Schmerz bereite, sie zu verlieren. Dido entgegnete: „Was soll ein Trost, der mir nicht helfen kann?

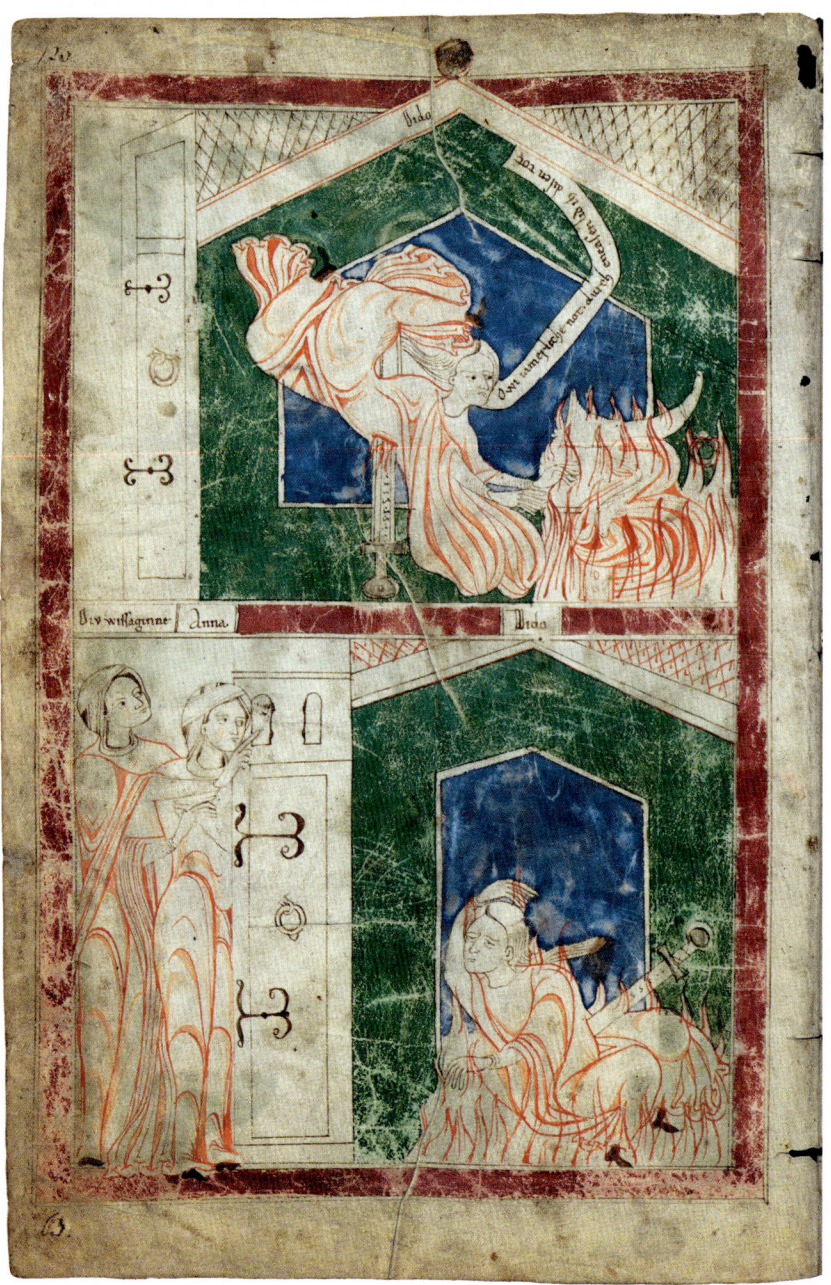

Dido

Quid... iste... iste ros

Dei wissagenne · Anna · Dido

Es reut mich, dass ich Euch aufgenommen und Euch geliebt habe. Ihr seid meiner schnell überdrüssig geworden. Meine Leute hassen mich, sie werden mich vertreiben. Ihr könnt Euch über meine Schande freuen. Ausgeburt des Drachens, Euer Herz ist aus Stein!"

Eneas ging an Bord seines Schiffes, Dido fiel in Ohnmacht. Als sie wieder erwachte, ließ sie ein großes Feuer entzünden. Sie gab vor, sie wolle der Göttin Venus ein Opfer darbringen. Als das Feuer brannte, warf sie alle Geschenke des Eneas hinein sowie das Bettzeug, worauf sie gelegen hatten. Eneas hatte sein Schwert zurückgelassen. Dido betrachtete es traurig: „Ach, Eneas, wie mächtig war ich, als ich Euch kennen lernte. Mut und Ehre, Macht und Reichtum besaß ich. Weh der Liebe! Sie ist furchtbar. Mit ihrem Feuer verbrennt sie mich. Ich muss mein Herz durchbohren, das mich verraten hat." Damit stieß sie sich das Schwert in die Brust und stürzte sich in die Glut. Dido war in ihrer Liebe und ihrer Herrschaft gescheitert. „Hätte ich nur ein Kind von Euch", hatte Dido beim Abschied zu Eneas gesagt. Dann hätte sie für den Erben die Herrschaft bewahrt. Aber so schien ihr der Tod das einzig Ehrenvolle.

Didos Liebe war einseitig, sie konnte zwar Eneas faszinieren, ihn verführen, aber sein Herz nicht rühren. Deshalb musste sie scheitern, und weil sie ihre Herrscherpflichten vernachlässigt hat.

Gegenüber, oberer Bildteil: Dido stürzt sich in ein Schwert und ruft: „Oh weh, jammervolle Not, wegen Eneas erleide ich diesen Tod".
Unterer Bildteil: Didos Leiche im Feuer; sie wird von ihrer Schwester Anna und einer zauberkundigen Frau entdeckt.
Staatsbibliothek Berlin, Preußischer Kulturbesitz; Ms. germ. fol. 282, um 1220–1230, fol. 17v.

Eneas und Lavine

Eneas segelte nach Italien, denn ihm war vorhergesagt worden, dass er die schöne Lavine, die Tochter des Königs Latinus, heiraten und mit ihr das Geschlecht der römischen Herrscher begründen würde. Lavine aber war mit Turnus verlobt, und dieser wollte sie nicht kampflos preisgeben, obwohl ihr Vater der Prophezeiung, die auch ihm zuteil geworden war, folgen wollte. Lavine, die die Liebe noch nicht erfahren hatte, erhielt von ihrer Mutter eine ausführliche Belehrung über diese unbezwingliche Macht. Als sie Eneas erblickte, wurde sie vom Pfeil der Liebesgöttin getroffen, und sie spürte, dass sie ihn lieben musste.

Das Gefühl überwältigte sie, aber wie sollte sie Eneas von ihrer Liebe wissen lassen, ohne dass es Schande über sie brächte? Sie schaute so lange zu Eneas hinüber, bis es dunkel wurde. Beim Essen konnte sie nichts zu sich nehmen, und in der Nacht lag sie wach. Ihr Gesicht verlor die Farbe, und als ihre Mutter bemerkte, dass sie so elend aussah, erkannte die Mutter an ihr die Liebeskrankheit. Sie wollte wissen, wer sie hervorgerufen habe und versuchte, ihr den Trojaner auszureden. Er habe kein Verlangen nach Frauen, sondern gebe sich der Männerliebe hin. Diese Verdächtigung bildet ein Stereotyp ab: Die Griechen und die mit ihnen verwandten Trojaner wurden im Mittelalter gern der Homosexualität beschuldigt.

Lavine aber blieb standhaft, so sehr die Mutter auch schimpfte und drohte. Sie wollte keine Zeit mehr verlieren, Eneas ihre Wünsche und Hoffnungen mitzuteilen, und schrieb einen Brief an ihn: Sie wünsche ihm mehr Gutes als allen Männern, die sie bisher sah, und sie vermöge nicht, ihn zu vergessen, weder früh noch spät. Diesen Brief wickelte sie um einen Pfeilschaft und ließ ihn von einem Bogenschützen zu Eneas hinüber schießen. Als Eneas den Pfeil aufhob, sah er, dass ein Brief am Schaft

Lavine verliebt sich in Eneas. Heinrich von Veldeke (um 1145–um 1200),
Eneas, 1170/85.
Universitätsbibliothek Heidelberg; Cod. Pal. germ. 403, Hans Coler,
Straßburg, 1419, fol. 205v.

befestigt war; er las ihn und verneigte sich zu Lavine, die am Fenster lehnte. Er ritt näher und sah ihr liebreizendes Gesicht, er blickte ihr in die Augen, und in diesem Moment verwundete auch ihn die Liebesgöttin mit ihrem Pfeil. Die Vorstellung, dass der Anblick die Liebe bewirkt, ist seit der Antike verbreitet. Man ging sogar so weit anzunehmen, dass Blinde nicht lieben könnten.

Eneas vergaß das Essen und als er sich niedergelegt hatte, konnte er nicht schlafen, denn alle seine Gedanken kreisten um Lavine. Er hatte die Wirkungen der Liebe noch nie erfahren und so geriet er in Zorn über sich, weil sie ihn so quälte: „Wieso werde ich zum Narren? Und wo ist mein Verstand? Ich muss im Kampf gegen Turnus antreten, diese Not aber wird mir meine Kraft rauben, wenn sie mich zwingt zu fasten und zu wachen. Noch nie habe ich eine Frau so lieb gewonnen. Ich dachte, in mein Herz könne eine so maßlose Liebe niemals dringen." Er bedachte jedoch, dass die Botschaft Lavines ihm Tapferkeit schenken und er Turnus besiegen würde. Zuletzt schlief er ein und wachte bis zum Mittag nicht wieder auf. Lavine aber wartete seit Tagesanbruch auf Eneas. Sie war ganz verzweifelt, als er nicht erschien, und klagte sich an, ihre Ehre aufs Spiel gesetzt zu haben. Als er endlich angeritten kam und sich liebevoll gegen sie verneigte, war ihr Unmut vergangen, und sie blickte ihn freundlich an. Erst die Dunkelheit unterbrach das Wechselspiel der Augen. Dann kam der Tag des Kampfes mit Turnus. Auf der einen Seite standen seine tapferen Krieger, auf der anderen Eneas mit seinen Rittern. Lange blieb es ohne Entscheidung, aber schließlich gewannen Letztere die Oberhand, und nun stand der Zweikampf der beiden Heerführer an. Im Mittelalter gilt der Grundsatz, dass der König nicht kämpft, denn der Verlust des Herrschers hätte die sofortige Niederlage zur Folge gehabt. Daher ist der Zweikampf der Heerführer nur

*Eneas besiegt Turnus im Zweikampf, Lavine schaut vom Fenster zu.
Heinrich von Veldeke (um 1145–um 1200), Eneas, 1170/85.
Universitätsbibliothek Heidelberg; Cod. Pal. germ. 403, Hans Coler,
Straßburg, 1419, fol. 248v.*

ein literarisches Motiv. Allerdings versuchte man, den König der gegnerischen Truppen anzugreifen und, wenn möglich, zu töten. Daher hielten sich die Anführer meistens abseits vom Geschehen auf dem „Feldherrnhügel" auf.

Lavine sah den Vorbereitungen zu und wünschte sich, Eneas hätte ihr Haarband um seinen Kopf gebunden, denn das hätte ihn vor den Hieben geschützt. Oder er hätte ihren Schleier an seinem Lanzenschaft geführt, dann wäre der Speer umso fester. Ihr Ring hätte ihm Stärke und Kampfesglück verliehen. Doch ihr Brief sollte ihm siebenfache Kühnheit schenkten, hoffte sie. So geschah es. Eneas und Turnus kämpften erbittert um das Königreich und um die Frau. Sie setzten ihr Leben aufs Spiel. Als Eneas Lavine am Fenster stehen sah, wuchsen seine Kräfte ins Unermessliche, und es gelang ihm, Turnus zu besiegen. Gleich bat er König Latinus um seine Tochter. Am liebsten hätte er sie auf der Stelle zur Frau genommen, doch die Hochzeit sollte in königlichem Glanz gefeiert werden – in 14 Tagen. Die Frist erschien ihm länger als ein Jahr, er musste sie jedoch abwarten. Endlich konnte er zum Königspalast reiten. Dort führte ihn Latinus zu seiner Tochter. Sie und Eneas setzten sich nebeneinander und freuten sich des neu gewonnenen Glücks. Nun gab es ein prachtvolles Hochzeitsfest, großartiger, als ein Kaiser es je ausgerichtet hatte. Eneas erbte die Krone, beide begründeten die richtige Herrschaft für Jahrhunderte. Die politisch richtige Liebe ist auch die glückliche – das ist ein Idealbild der höfischen Literatur.

Heinrich von Veldeke, ‚Eneasroman' (1170/85)

Gegenüber: *Eneas grüßt Lavine auf Burg Laurente. Heinrich von Veldeke (um 1145 – um 1200),* Eneas, *1170/85.*
Universitätsbibliothek Heidelberg; Cod. Pal. germ. 403, Hans Coler, Straßburg, 1419, fol. 234v.

Ließ me reichen ſin goldant
Alſo es me wol gezam
Do er eß an ſich genam
Do ſaß der ſtoltze troyan
Uff ein ſchone kaſtolan
Hie ein teil ſiner manne
Er reit ſich balde dannen
Zů laurente alda ſin kegegellſy
Do der herre encaß
Zů laurente zů gereit
Uber das velt alſo breit
Er vnd die ſine
Und in geſach lauine

Hie kam Eneaſ gon laurent uff die burg
und ſach lauina des kuniges dochter an ey
me venſter ligen

Gahmuret und Belakane

Alles besiegt die Liebe, wichtiger ist der Sieg im Kampf

**Mehr als seinen eigenen Leib liebe er sie –
das versichert Gahmuret der schwarzhäutigen
Königin. Doch Unzufriedenheit beherrscht ihn: Hier
gibt es keine ritterlichen Abenteuer mehr.**

Wolframs von Eschenbach ,Parzival' ist ein Liebeskosmos:
Nicht weniger als 14 Liebesgeschichten werden erzählt oder
zitiert. Den Anfang macht Parzivals Vater Gahmuret, der zunächst
der französischen Königin dient und dann die schöne Mohrin
Belakane heiratet – und verlässt. Er tut dies nicht wegen ihrer
Hautfarbe, denn schwarze Frauen gelten als besonders fähig
in der Liebe, sondern weil sie Heidin ist. Diesen Grund führt er
zumindest an, denn dann erlaubte die Kirche eine Auflösung
der Ehe. Für Gahmuret ist das ein Vorwand, denn er ist voll
Abenteuerdrang und Abenteuerzwang, er muss sich immer
wieder im Kampf (und das heißt auch in der Liebe) bewähren.
Zum Unglück der Frauen macht ihn das besonders anziehend,
so dass sie, wenn sie ihn begehren, das Scheitern der Liebe
erfahren müssen.

Gahmuret war der zweite Sohn des Königs Gandin von Anjou
und nach französischem Erbrecht ohne Land. Es drängte
ihn, in die Ferne zu ziehen. Ritterschaft zu üben und die Liebe
schöner Frauen im Kampf zu erwerben, war für ihn ein inneres
Gebot, dem er folgen musste. Sein älterer Bruder stattete ihn
königlich aus mit Gold, Juwelen, edlen Pferden und treuen
Knappen. Auch von der Mutter wurde er beschenkt sowie von
einer vornehmen Freundin, der Königin von Frankreich, deren
Liebe er allerdings noch nicht genossen hatte. Dem mächtigsten Herrscher auf Erden wollte er seinen ritterlichen Dienst
leisten, dem Sultan von Bagdad, dem zwei Drittel der Erde
untertan waren. In seinem Tatendrang durchstreifte Gahmuret
alle Länder des Reiches und bewährte sich im Kampf, jeder

Also gaumret vnd sin volck gar herlichen
gfangen wurden von der kúnnigin vnd zu
disch sossen vnd im gar herliche kost fúr wart
getragen

rühmte seine Tapferkeit und Stärke. Von den Feinden gefürchtet, von den Seinen geehrt, gelangte er in das Königreich Zazamanc. Dort betrauerte man den Tod des Königs von Azagouc, Isenhart, der im Kampf für die Liebe der Landesherrin Belakane sein Leben verloren hatte. Deshalb belagerten seine Verwandten die Hauptstadt und sannen auf Rache. Gahmuret, durch einen Sturm an die Küste Zazamancs getrieben, wurde sogleich von den bedrängten Verteidigern um Hilfe gebeten.

Er willigte ein und nahm Quartier in der Stadt, prachtvoll zog er mit Gesinde, Knappen und Rittern, Posaunenbläsern und Trommlern, Flötenspielern und Fiedlern ein. Das Volk konnte sich kaum satt sehen – es waren durchwegs Mohren und Mohrinnen, und als die schwarzhäutige Frau des Burggrafen Gahmuret den Willkommenskuss bot, nahm er ihn mit gemischten Gefühlen entgegen. Die Königin war hoch erfreut über seine Ankunft und ließ sich ausführlich über den glänzenden Ritter berichten. Sie bat ihn zu einer Audienz, war sich aber nicht ganz sicher, ob der weißhäutige Held zu ihr, der Dunkelhäutigen, kommen würde oder ob sie ihn aufsuchen sollte. Gahmuret jedoch ließ sich von einer Frau nicht zweimal bitten, legte seine kostbarsten Gewänder an und begab sich zu der Königin in den Palas der Burg.

Kaum hatte sie ihn erblickt, war sie von seiner Erscheinung zutiefst beeindruckt, sie erbat den Willkommenskuss, den er in diesem Fall gern gab. Zwar sah sie nicht aus wie die frisch betaute Rose und war auch nicht heller als der Tag – wie man

Gegenüber: Belakane bewirtet Gahmuret und dessen Gefolge. Sie reicht ihm den Becher, beider Hände treffen sich.
Wolfram von Eschenbach (um 1160/80–um 1220), Parzival, *1205/10.*
Universitätsbibliothek Heidelberg; Cod. Pal. germ. 339, Werkstatt von Diebold Lauber, um 1443–1446, fol. 27r.

von höfischen Damen gern sagte –, aber unter der Krone aus Rubin war ihr schwarzes Antlitz bezaubernd. Beide setzten sich auf ein prachtvolles Polster und in dem folgenden Gespräch wollte sie ihm die Ursache ihrer Not erklären. Doch ohne die näheren Umstände zu kennen, sagte er ihr seinen Beistand zu, denn er war von ihrer Schönheit gefangen. Als sie sich der Tränen über den Tod Isenharts nicht erwehren konnte, glaubte er, noch nie eine Frau gekannt zu haben, die an edler Gesinnung mit ihr verglichen werden könnte. Sie verlangten beide nacheinander und tauschten ihre Herzen, doch der Abschiedstrunk wurde gereicht.

Sogleich machte sich Gahmuret ein Bild von der militärischen Situation: Die 16 Tore der Stadt wurden mit Ausdauer von den Feinden berannt. Beim folgenden Abendessen bewirtete ihn die Königin selbst. Sie schnitt ihm die Speisen vor und reichte ihm den Wein, was Gahmuret nicht ohne Verlegenheit geschehen ließ. Als er zu seinem Gemach geführt und ihm gute Ruhe gewünscht wurde, konnte von Letzterer keine Rede sein. Das Bild der schönen Mohrenkönigin stand immer vor seinen Augen und brachte ihn um den Verstand, gleichzeitig verlangte er nach Kampf und Kriegsruhm. Ohne Schlaf lag er so. Im Morgengrauen schon ließ er sich den Harnisch bringen, nahm seine Waffen und ritt aus, die Königin und ihre Damen sahen vom Fenster aus zu. Bald kam ein kühner Krieger herangesprengt, und die gut gezielten Speere prallten auf die Schilde. Gahmuret hob den Gegner aus dem Sattel, und auch dem zweiten erging es nicht anders. Immer neue Kämpfer bekamen seine Geschicklichkeit und Kraft zu spüren. Als schließlich der mächtigste der Fürsten, der schon viele Kämpfe siegreich bestanden hatte, sich geschlagen geben musste, ordnete er den Rückzug der Belagerer an. Gahmuret aber ließ sich nur zögernd bestimmen, zur Stadt zurückzukehren, so groß war seine Kampfbegierde.

Die Königin selbst ritt ihm entgegen und erwies ihm hohe Ehren, sie gab ihm das Geleit, mit eigener Hand nahm sie ihm die Waffen ab. Dann verabschiedeten sich die Frauen von ihrer Herrin und ließen beide allein in einem Gemach mit einem prächtigen Bett. Dort empfing Gahmuret von ihr das höchste Ehrengeschenk: Sie gaben sich beide der süßen Liebe hin, wie ungleich auch ihre Hautfarbe war, sagt der Dichter.

Am nächsten Tag nahm Gahmuret die Huldigungen der Landesfürsten entgegen; er war nunmehr der Herr des Reiches. In königlicher Kleidung, an seiner Seite die junge Gemahlin, forderte er die Gegner zur Versöhnung auf. Sie mussten der Königin den Friedenskuss geben. Man tauschte die Gefangenen aus. Auch ein Vetter Gahmurets war unter den Gegnern, und er machte seinem Verwandten ein besonders treffendes Kompliment: Selbst wenn es der Teufel gewesen wäre, der solche Siege errungen hätte wie er, die Frauen würden ihn wie Zucker essen. Isenharts Leiche wurde feierlich bestattet, alles war zu einem glücklichen Ausgang gebracht, und die Hochzeit Gahmurets und Belakanes wurde mit großer Pracht gefeiert. Doch Gahmuret ist nicht für die Ehe geschaffen, sein innerer Drang nach Kampf und Bewährung ist stärker als seine Liebe. Er hielt es nur wenige Monate bei Belakane aus, obwohl sie ihm so lieb wie sein Leben war, wie der Erzähler behauptet. Gahmuret verließ sie und segelte mit seinen Leuten fort. Die verlassene Gemahlin, seit drei Monaten schwanger, fand einen Brief vor, in dem ihr Gahmuret seine Liebe versicherte, sie aber wissen ließ, dass die Tatsache ihres heidnischen Glaubens ihn zur Trennung zwinge. Das Kind, so erklärte er ihr, stamme aus dem berühmten Geschlecht der Anjou, und er führte sämtliche Ahnen namentlich auf: Mazadan und die Fee Terdelaschoye stehen am Anfang, das Feenblut wird auch das Kind als besonders anziehend auszeichnen. Tiefer Schmerz erfasste die

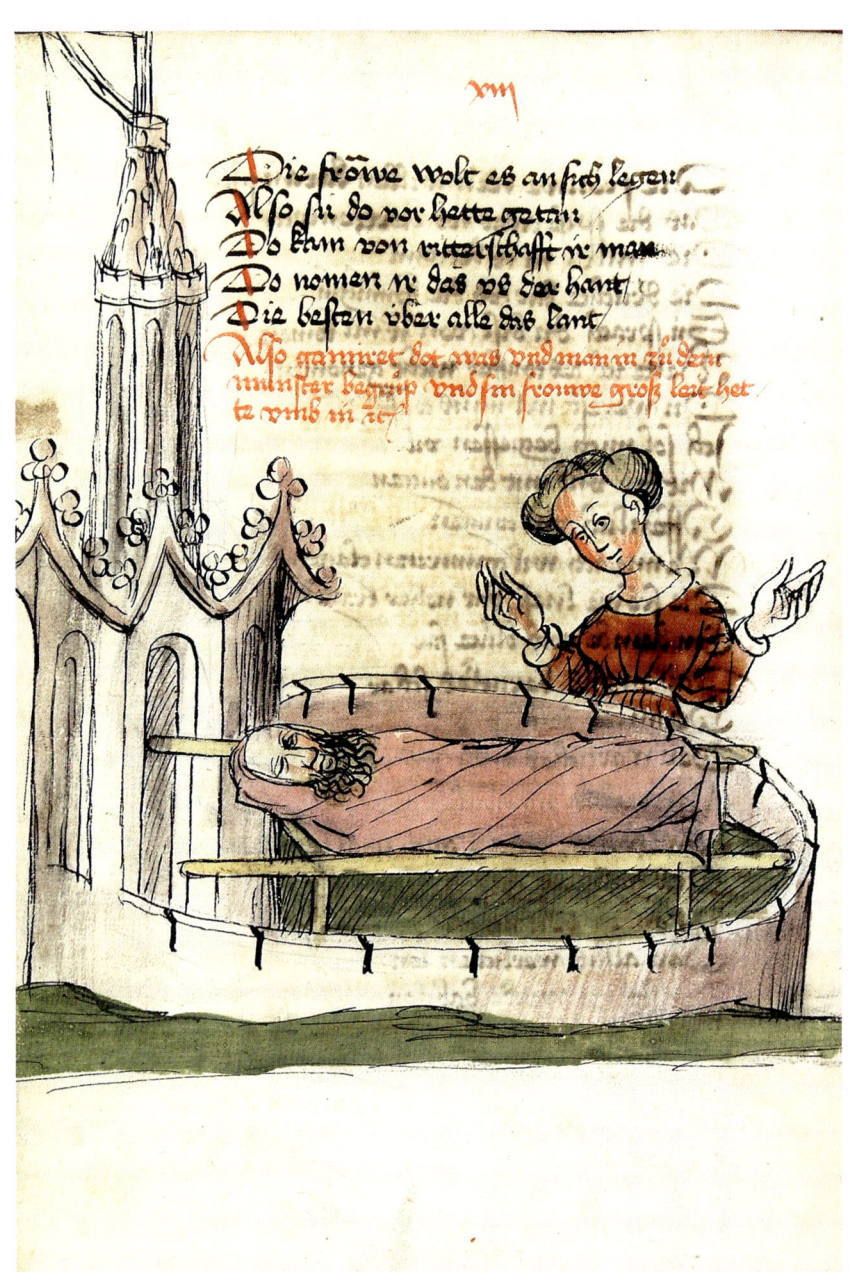

xvi

Die fröwe wolt es an sich legen
Also su do vor hette getan
Do kam von rittelschafft ir man
Do nomen ir das vß der hant
Die besten vber alle das lant

Also gantwet dar was vnd man in zu dem
munster begrub vnd sin fröwe groß leit het
te vmb in zc

Königin. Als ihr Sohn zur Welt kam, war er wunderbarerweise schwarz und weiß gefleckt wie eine Elster. Sie nannte ihn Feirefiz und küsste ihn oft, vor allem an den weißen Stellen. Sie war ein Musterbild reiner edler Weiblichkeit!

Gahmuret aber gelangte nach Sevilla und dann nach Waleis. Dort warb er um die schöne Königin Herzeloyde, erkämpfte sie im Turnier und heiratete sie. Nachdem er mit ihr Parzival gezeugt hatte, verließ er sie und im Kampf fand er den Tod. Belakane starb bald an gebrochenem Herzen. Ihr Sohn wird sich aufmachen, den Vater zu suchen, um ihn wegen des Verlassens der Mutter zur Rechenschaft zu ziehen. Er trifft jedoch auf seinen Halbbruder Parzival und beide werden sich im Namen Gahmurets versöhnen.

Wie kann dieser ein Vorbild sein? Sicher in der höfischen Eleganz, in der ritterlichen Gesinnung und in seiner Kampfestüchtigkeit. Sicher nicht darin, dass er seine Kampfesleidenschaft der Verantwortung für seine Frauen und seine Kinder überordnet. Sein Sohn Parzival wird anders handeln: Auch ihn macht das Feenblut attraktiv für die Frauen, er wird aber einer treu bleiben, und statt dem Ritterkampf für den Ruhm gilt sein Streben dem Gral.

Wolfram von Eschenbach, ‚Parzival' (1205/10)

Gegenüber: Herzeloyde beklagt Gahmurets Tod.
Wolfram von Eschenbach (um 1160/80–um 1220), Parzival, 1205/10.
Universitätsbibliothek Heidelberg; Cod. Pal. germ. 339, Werkstatt von
Diebold Lauber, um 1443–1446, fol. 83v.

Parzival und Condwiramurs

Liebe und/oder der Gral

"Ihre Liebe hat mir jede andere Liebe verschlossen, so komme ich nie aus meiner Trauer heraus" – Parzival ist unglücklich, während alle anderen froh sind; er bricht auf.

Die Geschichte von Parzival und Condwiramurs erscheint auf den ersten Blick einfach: Für ihn gibt es nur diese eine Frau, für sie nur diesen einen Mann. So müsste ihr Glück auch einfach sein. Doch da ist der Gral, Parzivals eigentliche Berufung, auf die er sich so sehr eingelassen hat, dass er seine geliebte Frau fünf Jahre nicht aufsucht. Halb widerwillig akzeptiert sie seine große Aufgabe. So kann sie mit ihm Gralskönigin werden. Um dieser Liebe gerecht zu werden, erzählt Wolfram von Eschenbach von ihrem Beginn. Beide sind so unerfahren, dass sie die Zuhörer lächeln machen, denn von einem jungen Mann wurde erwartet, dass er in der Hochzeitsnacht „Bescheid wusste", und die jungen Frauen erfuhren von ihren Müttern, was sie erwartete. Die Gegenwart von Condwiramurs (deren Name „Führ zur Liebe!" bedeutet) in Parzivals Gedanken ist in der Blutstropfenszene exemplarisch gestaltet, einer Szene, die zu den Höhepunkten der mittelalterlichen Literatur zählt. Parzival, der Sohn Gahmurets und Herzeloydes, hatte von seinem Vater die Tapferkeit und die Anziehungskraft auf Frauen geerbt, von seiner Mutter aber die Treue und Tiefe des Fühlens. So war er zwar auch ein Abenteurer, ein Sucher vor allem, jedoch mehr noch als die Liebe zu seiner Frau, bewegte ihn die Sehnsucht nach dem Gral.

Seine Mutter verweigerte ihm die höfisch-ritterliche Ausbildung, denn sie hoffte, ihn dadurch von Kampf fernzuhalten. Doch damit hatte sie keinen Erfolg: Parzivals Drang zum Rittertum setzte sich durch. Er kam an den Artushof und dann zu Gurnemanz, bei dem er das lernte, was seine Mutter ihm ver-

sagt hatte. Bald zeigte er sich als hervorragender Kämpfer, nur die Liebe blieb ihm nicht mehr als eine Ahnung. Die Tochter des Gurnemanz hätte ihn gern für sich gewonnen, er aber zog fort auf der Suche nach Bewährung. Zwar zeigten sein Äußeres und sein Verhalten, dass er nunmehr ein Ritter war, aber er hatte kein Ziel, ließ sich hierhin und dorthin treiben.

Unversehens gelangte er an einen Fluss und an diesem entlang zur Hauptstadt des Königreiches Brobarz, nach Pelrapeire. Auf der anderen Seite warteten sechzig Ritter, kampfbereit zückten sie ihre Schwerter. Parzival aber wollte nicht kämpfen, saß ab vom Pferd und führte es über die Brücke. Angesichts so verwegenen Mutes zogen sich die Verteidiger zurück. Parzival gab kund, dass er nicht als Feind, sondern als Freund gekommen war. Man meldete dies der Königin, und sie ließ das Tor für ihn öffnen. Die Bewohner der Stadt litten schon lange unter Hungersnot, denn sie wurden belagert. Der König Clamidé suchte die Hand der Königin von Pelrapeire, Condwiramurs, mit Gewalt zu gewinnen, da sie ihn um keinen Preis erhören wollte. Er hoffte, dass der Hunger der Bevölkerung ihren Stolz brechen würde. Die Bewohner der Stadt aber standen treu zu ihrer Herrin. Man geleitete Parzival zu ihr, und er war unmittelbar betroffen von ihrer Schönheit. Sie überbot alle anderen Frauen, aber auch er gab ein Bild der Vollkommenheit ab, das alle bewunderten. Sie waren ein wunderbares Paar. Nach außen aber verbarg Parzival seine Gefühle. Er schwieg, weil Gurnemanz ihn davor gewarnt hatte, zu viel zu reden. Die Königin wunderte sich, fragte sich, ob sie ihm missfiele, weil

Gegenüber: Parzival besiegt einen Ritter beim Turnier von Gurnemanz.
Wolfram von Eschenbach (um 1160/80–um 1220), Parzival, 1205/10.
Universitätsbibliothek Heidelberg; Cod. Pal. germ. 339, Werkstatt von
Diebold Lauber, um 1443–1446, fol. 131r.

Also die künnigin kam geslichen ober parcifals
hett do er an lag vnd slieff

sie so abgemagert war, oder ob er als Gast aus Höflichkeit nicht das Wort ergreifen wollte. Sie zögerte daher nur kurz und redete ihn an, dankte ihm für das Hilfsangebot und eröffnete ihm, dass sie die Nichte seines Lehrers Gurnemanz sei. Sie sprach den Mangel an Nahrung an, der dazu geführt hatte, dass alle völlig entkräftet waren.

Parzival wurde ein prächtiges Nachtlager bereitet, und da er an diesem Tag einen weiten Ritt hinter sich hatte, schlief er bald ein. Doch nicht für lange. Condwiramurs kam in ihrem weißseidenen Hauskleid, darüber einen langen königlichen Samtmantel, in das Schlafgemach ihres Gastes. Der Dichter räumt den Verdacht aus, sinnliches Begehren könnte sie angetrieben haben. Nein, sie suchte Hilfe und Beistand eines wirklichen Freundes. Sie kniete am Bett des Schlafenden nieder und weinte. Parzival erwachte, bat sie aufzustehen, da man nur vor Gott knien solle. Nachdem er ihr gelobt hatte, Zurückhaltung und Ehrgefühl walten zu lassen, schmiegte sie sich vertrauensvoll an seine Seite. Auf ihn setze sie alle Hoffnungen in ihrer verzweifelten Lage. Viel wagte sie damit, aber sie war sich innerlich sicher, dass Parzival die Situation nicht ausnutzen würde. Parzival bot seine ritterliche Hilfe an, und Condwiramurs verließ gegen Morgen dankerfüllt das Gemach, ohne dass jemand ihren Besuch bemerkt hätte.

Am Morgen besuchte Parzival die Messe und rüstete sich dann zum Kampf. Er besiegte den Seneschall und schickte ihn an den Artushof. Der Sieg über den Angreifer löste bei den Städtern große Freude aus, und die Königin umarmte den Helden; sie

Gegenüber: Condwiramurs am Bett des schlafenden Parzival.
Wolfram von Eschenbach (um 1160/80–um 1220), Parzival, *1205/10.*
Universitätsbibliothek Heidelberg; Cod. Pal. germ. 339, Werkstatt von
Diebold Lauber, um 1443–1446, fol. 147r.

197

versicherte, sie werde nie einen anderen Mann heiraten, als den, der ihr in ihrer Not beigestanden habe. In der kommenden Nacht teilten Parzival und Condwiramurs offiziell das Lager, nachdem sie sich das Ja-Wort gegeben hatten. Beide waren jedoch völlig unerfahren. Parzival ließ die Königin unberührt, sie aber betrachtete sich als seine Frau, legte am Morgen die Haube der Verheirateten an und übergab ihm ihr Land. Wenige Frauen, meint der Dichter, wären mit einer solchen Nacht zufrieden gewesen. Erst in der dritten Nacht umarmte Parzival die geliebte Gemahlin so, wie es ihm seine Mutter bedeutet hatte: Er fand die Süße ihrer Nähe, und sie vollzogen, so sagt Wolfram, den alten Brauch.

Parzival gelang es, alle Gegner zu besiegen. Im Land von Condwiramurs und Parzival setzte der Wiederaufbau ein. Er zeigte sich als beispielhafter Herrscher und zwischen ihm und seiner Frau war die Liebe stark und ohne Wanken, wie versichert wird. Doch der junge König wollte seine Mutter wiedersehen. Und, wie einst sein Vater, verlangte es ihn nach Abenteuern. Aus Liebe gab ihm Condwiramurs die Erlaubnis, das Land zu verlassen und auszureiten. Beide ahnten nicht, dass es fünf Jahre dauern sollte, bis sie sich wieder begegneten. Parzival wird zur Gralsburg kommen, dort die erlösende Frage versäumen und deshalb am Artushof von der Gralsbotin verflucht werden. Daraufhin wird er ruhelos durch die Welt ziehen und den Gral vergebens suchen. Sein Herz aber bleibt bei Condwiramurs, und nach dem Gral ist sie sein höchstes Ziel.

Eines Tages widerfuhr ihm etwas Seltsames. Er ritt durch frisch gefallenen Schnee und sah plötzlich drei Blutstropfen. Der Anblick rührte ihn tief im Herzen, aber er wusste nicht, warum. Dann aber erkannte er in den Farben rot und weiß ein Sinnbild seiner Frau Condwiramurs. Gebannt vergaß er die Realität und versank in Gedanken an sie. Im Lager des Königs Artus entdeckte man ihn und hielt ihn für einen Herausforderer, der auf einen Gegner wartete. Als der erste Kämpfer heranritt, wendete sich Parzivals Pferd, er erwachte kurzzeitig aus seiner Liebestrance und stach den Ritter vom Pferd. Genauso erging es dem zweiten. Darauf ließ der höfische Musterritter Gawan sein Pferd herbeiholen und ritt unbewaffnet dem Fremden entgegen. Er erkannte, dass die Liebe den Helden in ihren Bann geschlagen hatte und die Blutstropfen die Ursache dafür waren. Er verdeckte sie, und Parzival erwachte wie aus tiefem Schlaf, er beklagte, dass ihm das Abbild seiner Frau entzogen wurde. Anders als sein Vater blieb er unerschütterlich in seiner Liebe zu seiner Frau, selbst das Anerbieten der höchst attraktiven Orgeluse, in ihrem Dienst ihre Gunst zu erwerben, lehnte er ab. Als er endlich zum zweiten Mal zur Gralsburg kam und die Erlösungsfrage stellte, hatte die Trennung ein Ende. Condwiramurs brach auf zum Gral, er ritt ihr entgegen und an der Stelle, wo ihn einst die Blutstropfen so bewegt hatten, trafen sie wieder zusammen. Mit großer Innigkeit begrüßten sich beide. Sie musste allerdings ihren Zorn darüber, dass er sie so lange alleingelassen hatte, zurückdrängen. War das Gralkönigtum wirklich diesen Preis wert?

Mit Condwiramurs waren ihre Zwillingssöhne gekommen, der eine wird König über ihre und seine Länder, der andere, Loherangrin, reitet mit den Eltern zur Gralsburg. Er ist für den Dienst dort erwählt und wird eine schmerzliche Liebesgeschichte mit Elsam von Brabant erleben. So setzt der Erzähler ein Fragezeichen hinter den optimistischen Schluss der Liebesgeschichte von Parzival und Condwiramurs.

Wolfram von Eschenbach, ‚Parzival' (1205/10)

Gawan
und Orgeluse

Erfahrene Liebende

Wolfram von Eschenbach ergänzt die Erzählung von seinem eigentlichen Helden Parzival durch eine Liebesgeschichte ganz eigener Art: Mit Gawan und Orgeluse kommen zwei zusammen, die viel erfahren haben, und sie machen es sich nicht leicht miteinander, denn beide sind „mit allen Wassern der Liebe gewaschen".

Vor allem Gawan muss sich bewähren, Orgeluse nicht durch Kampf, sondern durch Ausdauer und Ertragen von Leiden gewinnen. Beide wirken moderner als die jungen Liebenden der höfischen Romane, denn sie bringen in ihre Beziehung das ein, was sie schon erlebt haben – und das ist nicht wenig.

Herr Gawan gilt als der erste Ritter der Tafelrunde am Hof des Königs Artus. Er ist nicht nur ein besonders starker und gewandter Kämpfer, er ist darüber hinaus ein einfühlsamer Mann, verständnisvoll und höflich in jeder Situation. Kein Wunder, dass die Damen ihn lieben, kein Wunder auch, dass er einem Liebesabenteuer nicht aus dem Weg geht. Immer wieder hatte er sich der Liebe einer schönen Frau erfreut, aber um ihn zu binden, bedurfte es einer ganz besonderen Person: Orgeluse.

Sie ist nicht nur von sinnenverwirrender Schönheit, sie ist auch eine Frau mit einer tragischen Geschichte. An ihr zeigt sich das Dilemma der adligen Frau im Roman: Ihre Schönheit wird durch die Tapferkeit ihres Geliebten beglaubigt. Orgeluses Geliebter wurde im Zweikampf von König Gramoflanz getötet, so dass sie ihn nicht nur verloren hat, sondern auch in ihrer Ehre gekränkt ist, weil sie eben nicht den Stärksten und Besten geliebt hat. Seither sucht sie einen Ritter, der sie an Gramoflanz, der so stark ist, dass er nur gegen zwei Gegner gleichzeitig kämpft, zu rächen wagt. Bisher hat sie keinen gefunden, obwohl viele sie begehrten. Parzival hatte ihre Werbung abgelehnt.

Gawan suchte den Gral wie viele Ritter. Auf seiner Fahrt begegnete er einer trauernden Frau, die in ihrem Schoß einen schwer verwundeten Ritter hielt. Hilfsbereit trat Gawan hinzu und erkundigte sich nach dem Zustand des Verletzten. Er erkannte, dass ihm zu helfen war: Er schnitzte ein Röhrchen, führte es in die Wunde des Ritters ein und forderte die Dame auf, so lange zu saugen, bis Blut aus dem Rohr fließe. So wurde der gefährliche Blutstau behoben.

Gawan besitzt medizinische Kenntnisse, und er zögert nicht, sie einzusetzen. Er ist nicht nur einer, der Wunden schlagen kann, sondern auch ein Mann, der Wunden zu heilen vermag. Diese Handlung deutet voraus auf seinen Umgang mit den seelischen Verletzungen Orgeluses.

Der Ritter erholte sich und warnte Gawan vor der Burg Logroys: Dort habe er sich die lebensgefährliche Wunde zugezogen. Gawan ließ sich nicht abhalten, im Gegenteil, nun wollte er unbedingt dorthin und folgte der blutigen Spur, die der Ritter hinterlassen hatte. Sie führte ihn zu einer Frau, wie er sie herrlicher nie gesehen hatte: Es ist Orgeluse, die Herzogin von Logroys, und eine Lockspeise für das Liebesverlangen, wie der Dichter sagt. Gawan, ganz der Galante, begrüßte sie höflich und mit wortreichen Komplimenten über ihre Schönheit. Ihre Antwort war gänzlich anders als erwartet, denn spöttisch entgegnete sie, dass derartige schöne Reden sie nicht interessierten. Er solle sich auf und davon machen, auf ihre Liebe zu hoffen, sei gänzlich aussichtslos – aber, fragte sie ihn, ob er wohl einen Kampf für sie wagen würde, auch ohne Aussicht auf Lohn. Als er bejahte, dankte sie ihm nur mit Hohn. Sie schwang sich auf ihr Pferd und forderte ihn auf voranzureiten. Als Gawan eine heilkräftige Pflanze ausgrub, verdächtigte sie ihn, ein Kräuterhändler zu sein. Dass sie es mit einem Ritter zu tun hat, der heilende Fähigkeiten besitzt, wird sie noch erleben.

Auch diese Handlung deutet auf seine Fähigkeiten, die Orgeluse absichtlich nicht erkennen will.

Ihr hässlicher Knappe Malcreatüre beleidigte ihn, aber Gawan blieb gelassen. Er heilte wiederum einen verwundeten Ritter, und als dieser ihm nach Abschluss der Behandlung sein Pferd stahl, blieb ihm nichts anderes übrig, als Malcreatüres kümmerlichen Klepper zu nehmen und, da das Pferdchen nicht zum Reittier taugte, neben diesem herzulaufen. Ein Ritter, der nicht reitet – eine große Schande! Orgeluse lachte ihn aus, Gawan aber war so von ihrer Schönheit eingenommen, dass er ihr nicht böse zu sein vermochte.

Da nahte auch schon ein Gegner, ein Konkurrent um Orgeluses Liebe. Gawan besiegte ihn und schenkte ihn einem Fährmann, der ein gutes Lösegeld für ihn erzielen würde. Gawan ließ sich über den Fluss setzen und wurde im Haus des Fährmanns freundlich aufgenommen. Die Tochter Bene kümmerte sich besonders um den Gast, und wenn er gewollt hätte ... Aber Gawan ist nicht mehr der alte, allein die Liebe zu Orgeluse beherrscht ihn.

An diesem Fluss ragte eine große Burg empor, die anscheinend nur von Frauen bewohnt war: Schastel marveile, die Wunderburg. Wer dort hinein wollte, musste harte Kämpfe bestehen, aus denen er kaum lebend hervorgehen konnte. Wer allerdings durch diesen Einsatz die Frauen von dem Zauber, der sie band, erlösen würde, werde Herr des Landes. Gawan wusste: Dieses Abenteuer hatte auf ihn gewartet. Er ließ sich seine Rüstung bringen und brach sogleich auf. Als er die Burg ohne Gegenwehr betrat, schien sie menschenleer. In einer Kemenate mit spiegelglattem Fußboden entdeckte er Lit marveile, das Wunderbett. Es raste, von unsichtbaren Kräften getrieben, durch den Raum, so dass Gawan es nur durch einen gewaltigen Sprung erreichen konnte. Daraufhin blieb es in der Mitte der Kemenate stehen.

Su toben vrantz
Das su bufflantz
Mit ritter und frowe her
Komen durch ir zweyer wer
Als was benant das tegedint
Sli zwene allein in einen ving
Also hergman van off sine rosse sprengete
Und die küngin mit ime rette

Alsbald prasselte ein Bombardement von harten Kieselsteinen auf das Bett, und – hätte sich Gawan nicht mit seinen Schild schützen können – wäre er getötet worden. Dann entlud sich eine Salve von fünfhundert Pfeilen, aber auch sie konnten Gawan nicht schaden. Anders, als er erwartet hatte, musste er nicht kämpfen, sondern Angriffe erdulden: ein Spiegelbild dessen, was er für die Herzogin leisten muss. Jetzt aber bedrohte ihn ein grober Kerl mit einer gewaltigen Keule, doch Gawan vertraute auf seine kämpferische Überlegenheit. Als nächstes ging ein Löwe von Pferdegröße auf Gawan los, und ein Kampf auf Leben und Tod begann. Er tötete das Tier mit einem Stich in die Brust; von den Anstrengungen geschwächt, wurde er ohnmächtig und fiel auf den Löwen. Die Bewohnerinnen der Wunderburg hielten ihn zunächst für tot, entdeckten aber bald, dass er noch atmete. Als er erwachte, hatte er nichts Eiligeres zu tun, als sich bei den Damen zu entschuldigen, dass sie ihn in so unhöfischer Haltung angetroffen hatten. Man legte ihn auf ein prächtiges Bett, seine Wunden wurden versorgt, und er fiel in festen Schlaf. Als er erwachte und die vielen schönen Frauen sah, gefielen sie ihm gut, doch die Sehnsucht nach Orgeluse war stärker. Nie war ihm eine Liebe so nahe gegangen! Die Wunden, die ihm ihre Schönheit geschlagen hatte, schmerzten weit mehr als alle körperlichen Verletzungen. Schon oft hatte die Liebe ihn getroffen, aber noch nie so heftig. Doch sollte er geglaubt haben, seine Leiden wären zu Ende, so irrte er sich gewaltig.

Gegenüber: Gawan führt Orgeluse auf seinem Pferd mit sich.
Wolfram von Eschenbach (um 1160/80–um 1220), Parzival, 1205/10.
Universitätsbibliothek Heidelberg; Cod. Pal. germ. 339, Werkstatt von
Diebold Lauber, um 1443–1446, fol. 449v.

Auf der Burg gab es eine Wundersäule, in ihr spiegelte sich das umliegende Gelände. Und darin sah er seine Orgeluse in Begleitung eines geharnischten Kriegers. Da konnte er nicht mehr an sich halten, er verlangte seine Rüstung, unbeeindruckt vom Weinen der Frauen wegen seiner schlechten Gesundheit, ritt aus, griff den Ritter an und warf ihn zu Boden, er konnte jedoch seines Sieges nicht froh werden, denn Orgeluse hatte es nicht aufgegeben, ihn zu verhöhnen: So geschwächt wie er sei, werde er bestimmt keinem Mann mehr standhalten können. Gawan, wieder der Galante, entgegnete, Orgeluses Gegenwart habe seine Wunden geheilt und für sie würde er jede Herausforderung annehmen. Darauf schien sie gewartet zu haben, denn sie stellte ihm die Aufgabe, Gramoflanz herauszufordern und von seinem Baum einen Zweig zu brechen, dann werde sie ihn mit ihrer Liebe belohnen.

Zuerst musste Gawan eine wilde Schlucht mit dem Pferd überspringen. Als er vom gegenseitigen Ufer abrutschte und vom Fluss fortgerissen wurde, brach die Herzogin unerwartet in Tränen aus. Ging ihr Gawans Gefährdung nahe oder weinte sie, weil ihre Rache an Gramoflanz in Gefahr war? Gawan rettete sich ans Ufer, ritt zu dem Baum und brach einen Zweig. Da kam Gramoflanz herbei. Auch er hatte sich ein Jahr lang um Orgeluses Liebe bemüht, jedoch vergebens. Nun hatte er sich eine neue Dame gewählt: Itonje, die Schwester Gawans. Ihr sollte der Kranzräuber Gawan eine Liebesbotschaft ausrichten. Beide verabredeten einen Zweikampf vor der Öffentlichkeit des Artushofes. Gawan war glücklich, dass er Orgeluses Auftrag erfüllen konnte, und kehrte zu ihr zurück. Zu seiner großen Überraschung warf sie sich dankbar zu seinen Füßen und bat ihn um Verzeihung für ihren Spot und ihre Häme. Grund dafür sei ihre tiefe Verletztheit durch die Niederlage und den Tod ihres Mannes, sie habe Gawan prüfen wollen und lauter wie Gold gefunden.

Gawan versicherte ihr, dass er ihr Leid an Gramoflanz rächen werde. Jetzt aber solle sie sein Begehren erfüllen, auf der Stelle. Das wehrte sie ab: In einem gepanzerten Arm könne sie nicht warm werden. Aber auf Schastel marveile ...
Dort wurden beide freundlich empfangen, es gab ein großes Fest, und von allen anwesenden reich geschmückten Damen war Orgeluse die allerschönste. Endlich durften auch die Ritter, die bislang von den Frauen auf der Wunderburg getrennt waren, mit ihnen wieder gemeinsam feiern. Gawans Sieg auf Schastel marveile war eine Befreiungstat, die die höfische Freude wiederhergestellt hat. Als das Fest zu Ende war, zog er sich mit Orgeluse zurück und endlich fand er bei ihr sein Glück – und sie bei ihm.
Gawans Geduld und Verständnis, seine Unerschrockenheit und Ausdauer haben ihm ihre Liebe gewonnen. Ihre seelischen Wunden sind geheilt, und so kann sie sich ihm zuwenden. Zum Zweikampf zwischen Gramoflanz und Gawan kommt es gar nicht mehr. Artus stiftet Frieden, und man feiert ein großes Hochzeitsfest – Gramoflanz und Itonje heiraten, Artus gibt alle zusammen, die ein Paar werden wollen. Das glücklichste aber sind Gawan und Orgeluse.

Wolfram von Eschenbach, ‚Parzival' (1205/10)

Leufried
und Angliana

Liebe und Aufstieg

**„Den Faden ich
ganz fleißiglich
hab in mein Herz verschlossen.
Ich will ohn' Leid
in Ewigkeit
lieb haben diesen Faden."**

Der Hirtenjunge Leufried singt dieses Lied von dem titelgebenden Requisit des Romans: Jörg Wickram entwirft in seinem ‚Goldtfaden' ein Bild von einem Aufstieg zum Grafen durch treuen Dienst – und durch die Verbindung mit einer Grafentochter. Es ist ein langer und mühsamer Weg, den Leufried geht. Er nimmt adlige Verhaltensweisen an und überzeugt Angliana von seiner Liebe; seine Eignung zum adligen Herrn muss er außerdem durch Kriegstaten und Einsatz für seinen Schwiegervater beweisen. Der Roman zeigt eine Utopie: Die Zugehörigkeit zur herrschenden Schicht solle nicht durch die Geburt, sondern durch Klugheit und Tapferkeit zuerteilt werden. Allerdings ist das nicht jedem Menschen in die Hand gegeben: Leufried ist schon in seiner Kindheit von Gott ausgezeichnet und erwählt worden. Gott, so lautet die Utopie, hilft dem Tüchtigen, nicht dem Adligen.

In Portugal lebte ein Hirte, dem schloss sich eines Tages ein Löwe (Leu) an und benahm sich zahm wie ein Hund, auch seiner Frau gegenüber war er ganz friedfertig, legte seinen Kopf in ihren Schoß und ließ sich von ihr füttern. Als sie einen Knaben zur Welt brachte, fand man, dass er über dem Herzen ein Muttermal in Form einer Löwentatze trug, und man taufte ihn daher Leufried. Der König ließ den zahmen Löwen an seinen Hof bringen. Leufried wurde von einem reichen Kaufmann auf eine gute Schule geschickt.Er verließ sie wegen eines Streits und kam zum Hof eines Grafen, dort wurde er in der

Küche eingestellt. Er erledigte alle Arbeiten fröhlich und sang dazu, im Sommer ließ er seine Lieder im Garten ertönen, und alle hörten ihm gern zu. Man gab ihm Geschenke, er hielt zusammen, was er bekam, und ließ sich schöne Kleider machen. Damit verhielt er sich wie ein junger Mann von Stand: Die Sangeskunst gehört zum Adligen, und er weiß, dass Kleidung ein Rangabzeichen ist.

Zum neuen Jahr gab Angliana, die Tochter des Grafen, allen Hofleuten ein kleines Geschenk, allein Leufried vergaß sie. Das schmerzte ihn umso mehr, als der Liebesgott ihn verwundet hatte und er keinen Augenblick hingehen ließ, an dem er nicht an die schöne Angliana dachte. Im Frühjahr begann er wieder, im Garten zu singen. Eines Tages hörte der Graf den lieblichen Gesang. „Ein seltener Vogel ist das in meinem Garten", sagte er und führte Leufried zu seiner Tochter als ihren Diener. Leufried trat sein neues Amt mit Freuden an und zeigte sich so geschickt, als wäre er Zeit seines Lebens an Fürstenhöfen gewesen. Angliana bat ihn eines Tages, für sie allein zu singen. Leufried machte ein Lied von seiner Armut und davon, dass er kein Neujahrsgeschenk erhalten habe. Angliana verstand das sehr wohl, sagte aber nichts.

Am nächsten Neujahrsfest beschenkte sie das ganze Hofgesinde, als dann die Reihe an ihren Kammerdiener kam, sagte sie: „Ach, Leufried, dich habe ich wieder vergessen. Doch hab Geduld, im nächsten Jahr sollst du zweimal beschenkt werden." So oft er in den nächsten Tagen Angliana sah, musste er tief aufseufzen, so dass sie sich schließlich erkundigte, was mit ihm geschehen sei. Leufried erwiderte, dass das Klagen und das Seufzen die Ursache hätte, dass sie allein ihm keine Neujahrsgabe geschenkt habe. Angliana griff daraufhin zu einem Goldfaden an ihrem Webrahmen und gab ihn Leufried. „Damit du nicht sagen darfst, du seiest ausgeschlossen worden, nimm dies Geschenk und bewahre es gut." Leufried entgegnete: „Ich werde diese Gabe so wohl verwahren, dass ich sie nie verlieren kann." Er verließ sogleich ihr Zimmer und ging in sein Gemach. Mit einem scharfen Messer schnitt er sich die Brust auf, nähte den Goldfaden hinein und verschloss die Wunde mit einem Heilpflaster. Er machte darüber das eingangs zitierte Lied.

Angliana wusste nicht, woh er den Faden gelassen hatte. Deshalb bat sie ihn eines Tages: „Lieber Leufried, hast du noch den Goldfaden? Gib ihn mir wieder. Du sollst ein schöneres Geschenk dafür erhalten." Er eilte in sein Gemach und kam mit dem Messer wieder, schnitt seine Brust auf und holte den Faden heraus. Angliana betrachtete den Faden, wusch ihn und fand ihn unversehrt. Sie wunderte sich über Leufried, dass er sich zweimal mit dem scharfen Messer verletzt hatte. In dieser Stunde traf auch sie der Liebesgott. Sie flüsterte Leufried zu, sie werde ihm einen Brief angeblich für ihren Vater überreichen. Er solle ihn jedoch in seiner Kammer öffnen.

Angliana schrieb, es sei ihr nicht möglich, ihre inbrünstige Liebe zu verbergen. Er habe sie mit dem Goldfaden gebunden und gefangen. Und wenn er ihr folge, so werde sie Wege finden, dass sie beide mit der Erlaubnis ihres Vaters zusammenkommen könnten.

Sie ist sich dessen bewusst, dass sie diese Zustimmung nie bekommen kann. Doch sie akzeptiert die Einschränkung ihrer Liebeswahl nicht, sondern wird zur Komplizin Leufrieds. Der Eindruck, dass sie von ihm manipuliert wird, ist jedoch nicht abzuweisen: Er hat den Goldfaden gezielt eingesetzt, um sie zu beeindrucken. Es ist eine Handlung, in der er sich symbolisch Schmerz zufügt, gemessen an den seelischen Qualen der Liebenden in den höfischen Romanen ist es jedoch nur ein geringer Schmerz.

Der Hirt Erich mit Familie und dem friedfertigen Löwen.
Leufried singt ein Lied für Angliana.
Leufried holt den Goldfaden aus seiner Brust hervor.
Angliana schreibt Leufried einen Brief.
Leufried und der zahme Löwe beim König in Lissabon.
Der Graf tadelt seine Tochter wegen ihrer Liebe zu Leufried.
Hochzeit von Angliana und Leufried.

Nun nahm der Graf Leufried selbst zum Kammerdiener und ritt mit ihm zum König nach Lissabon. Im Tiergarten des Palastes sah er den zahmen Löwen. Dieser reichte ihm die Tatze, so dass sich die Leute sehr wunderten und Leufried für einen besonders ausgezeichneten Menschen hielten. Als der Löwe von Leufried getrennt wurde, erhob er ein jämmerliches Gebrüll, weigerte sich zu fressen und zu trinken, so dass der König entschied, man solle Leufried das Tier mitgeben.

Als Angliana sah, wie sehr das Tier an dem jungen Mann hing, erkannte sie, dass dieser von Gott mit besonderer Gnade ausgezeichnet war und einer Königin zum Gemahl taugen würde. So fand sie ihre Liebe zu einem Diener gerechtfertigt und sagte zu Leufried: „Wenn du mich in Ehren zu deiner Gemahlin begehrst, versichere ich dir, ich werde dein sein." Er entgegnete: „Niemals hätte ich gehofft, dass meine Liebe erwidert werden könnte. Seid versichert, ich werde mich Eurer wert erzeigen." Beide gaben einander ein Eheversprechen, doch wegen des Standesunterschieds musste es zunächst geheim bleiben.

Eine Hofnärrin, die alles, was vorging, mit großer Aufmerksamkeit beobachtete, hinterbrachte Anglianas Vater, wie vertraut seine Tochter mit Leufried war. Jener erschrak und überlegte, was er tun könnte, um die Liebe zu beenden und Angliana vor übler Nachrede zu bewahren. Er wusste, dass sich das Feuer der Liebe nicht löschen lässt und beschloss, Leufried ermorden zu lassen. Er befahl einem Jäger an seinem Hof, er solle Leufried auf der Jagd umbringen. Ein Kammerjunge aber, der das Gespräch belauscht hatte, warnte Leufried, und dieser behielt

Gegenüber: Aus: Georg Wickram, Sämtliche Werke, Band V: Der Goldtfaden. Walter de Gruyter & Co, Berlin, 1968; ursprüglich erschienen in: Georg Wickram, Der Goldtfaden, Druck von Jakob Frölich, Straßburg 1557.

den Jäger allezeit im Auge. So konnte er dem Speer, den der auf ihn schleuderte, ausweichen. Er griff ihn an und schlug ihn zu Boden, der Löwe, der mitgekommen war, richtete den Jäger übel zu. Leufried aber floh.

Da der Anschlag misslungen war, ließ der Graf seine Tochter kommen. Sie verteidigte sich gegen den Vorwurf, ihre edle Abstammung und ihren guten Ruf durch diese unstandesgemäße Liebe aufs Spiel gesetzt zu haben: Seiner vorbildlichen Eigenschaften, seiner adligen Sitten halber habe sie ihn erwählt und ihre Liebe geheim gehalten, um die Ehre des Hauses nicht zu gefährden. Der Graf bestand darauf, dass sie ihn nie wiedersehen dürfe.

Angliana verfiel in große Traurigkeit, verließ ihr Zimmer nicht mehr und verweigerte Essen und Trinken; man fürchtete um ihr Leben. Das brachte ihren Vater zur Besinnung. Er bedachte, dass Leufried von Gott besonders ausgezeichnet sei und seine Tochter ihre Liebe keinem Unwürdigen geschenkt habe. Er versicherte ihm in einem Brief, er wolle nicht mehr gegen das Schicksal kämpfen und ihn, wenn der König ihn zum Ritter mache, als Schwiegersohn annehmen.

Leufried wollte seinen Aufstieg nicht allein der Liebe Anglianas verdanken, sondern ihn durch Rittertaten verdienen und für den König in den Krieg ziehen, um sich auszuzeichnen. Er führte eine Abteilung so geschickt, dass es ihm gelang, den Gegner zu stellen und selbst im Zweikampf den König von Kastilien vom Pferd zu stoßen. Woher Leufried seine kämpferischen Fähigkeiten hatte, wird nicht deutlich. Es gab keine Gelegenheit, wo er sie hätte erwerben können. Der Adlige ist eben von Natur aus ein hervorragender Kämpfer.

Der Lohn für seinen Sieg blieb nicht aus: Er wurde zum Ritter geschlagen. Alle zogen Leufried entgegen und empfingen ihn mit großen Freuden. Doch eine letzte Bewährung stand noch aus: Leufried musste zeigen, dass er seine Verwandten und sein Land schützen konnte.

Ein adeliger Nachbar warb um Angliana und wollte sie zur Frau. Ihr Vater schlug es ihm ab, er habe seine Tochter bereits einem tüchtigen Ritter versprochen. Darüber geriet der Freiherr in großen Zorn und plante, sich für die Demütigung zu rächen: Eines Tages überfiel er den Grafen mit einer Schar Ritter, nahm ihn gefangen und ließ ihn an einen Baum binden. Leufried kam und sah den Freiherrn bei dem angebundenen Grafen. Sogleich forderte er ihn heraus, griff ihn an und konnte ihn gefangen nehmen. Er führte ihn mit dem befreiten Grafen seiner liebsten Angliana zu, übergab ihr den Übeltäter, damit sie mit ihm nach ihrem Willen verfahren sollte.

Diese Handlungsweise ist ein Reflex des höfischen Romans: Der Kampf erscheint als Dienst gegenüber der Frau. Gleichzeitig ist Leufried nicht rachsüchtig, sondern klug und ermöglicht einen Friedensschluss. Angliana wusste, wie zu verfahren war: Der Freiherr musste tausend Dukaten Lösegeld zahlen und ewigen Frieden schwören; so wurde der Konflikt gelöst.

Der Graf ließ die Hochzeit ausrichten. Viele Tage feierte man mit Festmahl, Turnier und Ritterspiel. Nach wenigen Monaten ereilte ein Unfall den Vater und er verstarb. Leufried übernahm die Herrschaft. Sein Regiment war glücklich, er sorgte für die Armen und schützte sein Land vor Feinden. Gern ging er auf die Jagd, und sein Löwe begleitete ihn. Er vergaß nicht, was er auf seinem mühevollen Weg zum Herrscheramt alles ertragen und leisten musste und erzog seine Kinder so, dass sie die Menschen nach ihrem Verdienst und nicht nach ihrem Stand zu schätzen wussten.

Jörg Wickram, ‚Der Goldtfaden‘ (1557)

Ines de Castro und Dom Pedro von Portugal

Königin erst im Tode

„Auf dass der Blick beim Jüngsten Gericht auf ihr Liebstes falle". Darum ließ König Pedro gegenüber seinem Sarkophag in der Kirche von Alcobaça den von Ines aufstellen.

Er hatte es schwer mit seinem Vater und musste dafür eintreten, dass König Afonso von Portugal sein Königtum sichern wollte. Afonso musste es gegen die Araber verteidigen, die damals, in der ersten Hälfte des 14. Jahrhunderts, noch über den Süden der Iberischen Halbinsel herrschten, und suchte sich Bundesgenossen in Kastilien. Zur Sicherung des Bündnisses wurde sein Sohn Pedro mit Costanza von Kastilien verheiratet. Die Braut kam mit ihrem Gefolge nach Lissabon, wo die Ehe geschlossen wurde. Unter ihren Hofdamen war eine wegen ihrer Schönheit berühmt: Ines de Castro aus Galizien. Dom Pedro verliebte sich in sie, und sie setzte der Werbung des Thronfolgers keinen Widerstand entgegen. Nicht lange gelang es den beiden, ihre Liebe geheim zuhalten. Höflinge beobachteten, wie beide Blicke tauschten und vertraulich flüsterten. Jemand hatte gesehen, wie er Ines' Hand ungebührlich lange hielt, und ein anderer wollte einen innigen Kuss beobachtet haben. Man sah Pedro, wie er nachts in die Frauengemächer ging. Afonso war bald im Bilde. Was sein Sohn trieb, war politisch hoch bedenklich, denn, wenn Costanzas Familie davon erfuhr, konnte das zur Aufkündigung des Bündnisses führen. Zudem hatte Pedro unterschrieben, keine Konkubine haben zu wollen. Also musste der König handeln. Er verlangte ein sofortiges Ende des Verhältnisses. Pedro weigerte sich, er verwies darauf, dass auch andere Adlige freie Liebesbeziehungen pflegten – umsonst. Afonso ließ Ines gefangen nehmen und außer Landes bringen, Portugal durfte sie nicht wieder betreten. Pedro fügte sich nur zum Schein. Er schickte seine Boten zu Ines und versicherte sie seiner immerwährenden Liebe. Ihre Herzen, so hieß es, blieben verbunden, in seinen Träumen gebe es nur Ines, in ihren allein Pedro.

Da starb Pedros Frau Costanza bei der Geburt eines Kindes . König Afonso ahnte, dass Pedro nun Ines zurückholen würde, und wollte ihn zu einer neuen politischen Ehe verpflichten. Doch Pedro weigerte sich standhaft: Er wolle Doña Ines und sonst keine. Er ritt nach Galizien und führte sie in seinen Palast in Coimbra. Rechtlich konnte er sich nicht mit ihr verbinden, denn dazu hätte er die Einwilligung seines Vaters gebraucht. Das Paar lebte allerdings öffentlich zusammen, drei Kinder brachte Ines zur Welt, und das Glück schien vollkommen. Doch Afonso konnte nicht dulden, dass sein Sohn sich wegen Ines einer politisch nützlichen Ehe verweigerte. Er wartete zehn Jahre, bis Pedro für einige Zeit außer Landes war. Dieser hatte Ines in das Kloster Santa Clara gebracht, da er seinen Vater kannte und fürchtete; dort glaubte er sie vor ihm in Sicherheit. Doch er hatte sich geirrt. Drei Ratgeber des Königs leiteten ein Gerichtsverfahren wegen Hochverrats gegen Ines ein. Sie habe Pedro an der Erfüllung seiner Herrscheraufgaben gehindert, die Todesstrafe sei die rechtlich angemessene Sühne. Die frommen Klosterschwestern mussten sie ausliefern, so wollte es der König. Sie wurde vor ihn gebracht und flehte um Erbarmen – nicht ihretwegen, sondern wegen der Kinder, die ohne Mutter aufwachsen müssten. Afonso sprach das Urteil: Tod durch Enthauptung. Das ist eine ehrenvolle Strafe, wie sie nur bei Adeligen ausgeführt wurde. Ines befahl Afonso ihre Kinder an, dann schleppte man sie zum Richtblock. Den Leichnam setzte man im Kloster Santa Clara bei. Als Pedro zurückkam, fand er nur noch das Grab seiner geliebten Ines. Der Schmerz tötete ihn fast, weiterleben wollte er nur, um Rache zu üben. Ein Aufstand gegen den grausamen Vater, den er anzettelte, brach bald zusammen. Doch nach zwei Jahren starb der alte

König, und Dom Pedro übernahm die Herrschaft. Die drei Ratgeber, die für den Tod von Ines verantwortlich waren, hatten schon die Flucht ergriffen. Auf Betreiben von Pedro ließ der König von Kastilien sie festnehmen, einer konnte entkommen, die beiden anderen wurden nach Portugal ausgeliefert. Pedro beurteilte den Richtspruch wie einen Mord, er nahm grausame Rache. Beide ließ er in aller Öffentlichkeit martern, ihnen die Herzen herausreißen, dann die Toten verbrennen. So konnten sie nicht ehrenvoll bestattet werden. Darauf ging er an die Rehabilitierung von Ines. Er erklärte öffentlich, er habe eine heimliche Ehe mit ihr geschlossen und wollte vom Papst die nachträgliche Legitimierung. Sie wurde ihm verweigert. Darauf ließ er den Leichnam von Ines exhumieren. Die Tote wurde in königliche Gewänder gekleidet und auf den Thron gesetzt. Seine Vasallen mussten den Knochen, die einst schöne Hände gewesen waren, den Handkuss geben, dann wurde sie in einem feierlichen Zug ins Kloster Alcobaça gebracht. Viele Tausende säumten den Weg, sie trugen brennende Kerzen. Im Trauerzug mussten die vornehmen Herren und Edelfrauen mit dicken Kapuzen mitgehen, die ihre Gesichter verdeckten. Im Kloster begrub man Ines in einem prunkvollen Grab.

Pedro regierte das Land mit harter, aber gerechter Hand. Mord und Raub strafte er blutig, seine Bürger konnten in Ruhe schlafen. Den Frieden, den er dem Reich bescherte, fand er selbst erst, als er nach seinem Tod in der gleichen Kirche wie seine geliebte Ines bestattet wurde: Er auf der einen Seite des Querschiffs, sie auf der anderen. Am Jüngsten Tag werden Königin Ines und König Pedro aus ihren getrennten Sarkophagen steigen und einander in die Augen blicken, so sagt man.

Pedro I., der Gerechte, König von Portugal (1320–1367)
Ines de Castro (1320–1355)

Jaufré Rudel und Melisande von Tripolis

Erdichtete Liebe

„Nie wird die Liebe mich beglücken, tut es die Liebe nicht dort fern" – so heißt es in einem Lied des Sängers Jaufré Rudel.

Die Liebe der Troubadours ist zumeist als unerfüllte gestaltet, Liebesklage das Thema ihrer Gesänge, „ungeliebt lieben" ihr Motto. Die anscheinend so persönliche Aussprache des Ichs in ihren Liedern hat schon die Zeitgenossen gereizt, tatsächliche Liebesbeziehungen als biografischen Hintergrund zu suchen und zu (er-)finden. Diese Lebensgeschichten, die Vidas, hat man mit den Liedern verbunden, man sollte diese als Widerspiegelung wirklichen Lebens verstehen. Eine der berühmtesten Liebesgeschichten ist die des Troubadours Jaufré Rudel. Sie lieferte sogar das Material für eine Oper: „Die Liebe in der Ferne" von Amin Maalouf und Kaija Saariaho.

Jaufré Rudel stammte aus einem hohen Adelsgeschlecht, dem der Grafen von Angoulême. Er übernahm schon in seiner Jugend eines der Fürstentümer, die diesen gehörten: das von Blaye am Unterlauf der Garonne, nicht weit von Bordeaux. Gebildet und in allen ritterlichen Fähigkeiten erfahren war er; Roland, der Paladin Karls des Großen, der in der Hauptkirche von Blaye begraben lag, war eines seiner Vorbilder. Wie dieser wollte auch er in den Kampf gegen die Heiden ziehen. Ein ganz anderes, ein verlockendes Bild vom Heidenland zeigte allerdings die Geschichte von Huon von Bordeaux. Huon hatte, ohne es zu wollen, einen Sohn Karls des Großen in einem Kampf getötet. Der Kaiser wollte ihm nur Verzeihung gewähren, wenn er eine Fahrt in den Orient zum Sultan unternehme. Dort sollte er den vornehmsten Heiden töten, die Prinzessin, die Tochter des Sultans, dreimal auf den Mund küssen und eine Handvoll Barthaare sowie vier Zähne des Herrschers zurückbringen. Der tapfere Huon akzeptierte diese Bedingungen und

Jaufre rudell.

...lan cant... flors l'espiga. e la semblan uist e uais

a touner la fuella. ei sug sa faissa. ele auzels p sa pur ca

ta. tern dep damor i auiru. buen mais pus la lauzet

Cum faray mas trop mortigua. se la
con mos cors nos laista. m uas auira nos
braista. jo ven nay pucus uistas tantas. q
sora grans longu lur plars. e agra costumes trop iuais

Cuos nos sian ertigua. ql grant cauals ca ses laissa.
nu bel sir. el acuecha. p ql lius uassalh arbantra. e pueus
sil pren uf caius. ql tem la gt stu grant assais. Dona
si uieus me lruediga. la uueg cuar sor e pancteps. sa mes
cors no torm m pauza e torme. mais pueus sauanta
to imuas. Donex quer ma

dostauna. pus lo cosm uoz lausa te uos. p car la cr saista
coz saiua dauis. yl. p dieu sosteguesset mel sius. mais uu
elh murir cautenir laus. Re als no say ql me diga
cades soior t egeuist. uru q uebasst emraisi cco morra toi
te tol. e tantri. geu sai q foi aql q pais muzan las chustas
te uais. Sausta nos lan leuta. ql un sobre uenli.

q lam parus. jaufir rudell.

o say enion quis so uoin ditt. nil ucis uolur

quils mort nos fiu. m no say te rima cos uay. si razo no

euten. e si. mais lo meu chant comeneais qist. com pus lau

Quils som nos mauilh t im steu
am st q naz uist nom lu car dauira
mo cors iou no a. mais daisela gen ae
no u. noz dis uer m noi menu. m o

no say si ia sofam. Colp te iou me ser q auisua. e po
mh damor q sosha. la cau co mo cors magrusa. z ane mis
ti greu nom fezi. m p mill colp tunt uou lagui. m hec
couse. m no secha. Aue tri suau nom adonni. q mos equi.
cors no fos lay. m tni dim no ae te ti. mos cors espir no
fos la. cab gaug no siaisi. mais eir nu restir lo man. tor no
ip sab si testia. Bos co lo ius ei noi saistu. e tor so di
ei lbesti. e sel q te un lapeia. garr se noi saisst mil pesti. au
si lauzo e lemon. e bnais ei cor el roisa. Bons er tous

machte sich auf die Reise. Er begegnete dem Zwergenkönig Oberon, der ihm seine Hilfe zusagte. So gelangte er zum Sultan und gewann die Liebe der Prinzessin Esclarmonde. Sie befreite ihn aus dem Kerker, in den ihn der Sultan geworfen hatte, er tötete diesen und kehrte mit der Prinzessin nach vielen Abenteuern zurück nach Bordeaux.

Immer wenn Jaufré diese Geschichte hörte, sehnte er sich nach einer fernen Geliebten, schön wie Esclarmonde. Er hatte sich der Troubadourkunst verschrieben, wie er sie an den Nachbarhöfen in Limoges und Poitiers erlebte. Er besang mehr die Liebe als die Geliebte, schuf Lieder von den Vorzügen einer fernen Dame und von unerfülltem Begehren. Sie habe ihn, so klagt er, einer schweren Liebesprobe ausgesetzt, er habe sie zwar bestanden, aber sei gedemütigt worden und habe keine Erhörung gefunden.

Dem Beispiel Rolands folgend, entschloss er sich zum Heidenkampf und beteiligte sich am Kreuzzug König Ludwigs VII. im Jahre 1147. Sein Bruder, der Graf von Angoulême, führte die einzige Abteilung an, die wohlbehalten nach Jerusalem gelangte, während der König den Großteil seiner Truppen in den Kämpfen mit den Sarazenen verlor. Im Unterschied zu den meisten anderen Kreuzfahrern kehrte Jaufré unversehrt zurück. Verbindungen ins Heilige Land blieben bestehen, und so hörte er mehrere Jahre später von der schönen Melisande von Tripolis, die, achtzehnjährig, mit dem griechischen Kaiser Manuel verlobt worden war. Alle Jerusalempilger rühmten ihre edle Gestalt und ihr liebliches Antlitz. Doch Jaufré dachte an Huon und Esclarmonde, und eine heftige Sehnsucht nach der nie

Gegenüber: Chansons des Troubadours Jaufré Rudel.
Bibliothèque nationale, Paris; Ms fr. 22543, 14. Jahrhundert,
fol. 63r.

gesehenen Prinzessin ergriff ihn. Er besang die „Liebe in der Ferne" in einem Lied:

„Im Mai, wenn es wieder länger Tag,
lockt mich der Vöglein Sang dort fern,
Und scheid ich dann vom lauten Hag,
denk einer Liebe ich dort fern.
Ich geh gebeugt, in trüber Lust:
ob Vogelsang ob Weißdornblust,
mich freut's nicht mehr als Eis und Schnee."

Er wünscht sich, als Pilger ins Heilige Land zu ziehen, denn niemals könne er eine andere lieben. Er würde sich wie Huon einkerkern lassen, wenn er so in ihre Nähe gelangen könnte.

„Gott, der erschuf, was kommt und geht
und so die Liebe auch dort fern,
erfüll', wonach der Sinn mir steht:
dass ich die Liebe säh' dort fern,
doch leibhaft und so wohl bestellt,
dass Kammer oder Laubgezelt
wie ein Palast sich mir erschließ."

Jaufré Rudel stirbt in den Armen der Gräfin von Tripolis.
Chansonnier aus Norditalien, 13. Jahrhundert.
Bibliothèque nationale, Paris; Ms fr. 854, fol. 121v.

Noch weitere Lieder sang er von der Fernliebe und schickte sie an Melisande. Sehnte sie sich auch nach Liebe? Rätselhaftes wurde berichtet: Jedes Mal, wenn sie nach Byzanz zum Kaiser, ihrem Verlobten, aufbrechen sollte, erkrankte sie, die Hochzeit musste verschoben werden. Schließlich löste Kaiser Manuel die Verlobung auf. Melisandes Bruder Raimund rüstete sofort zwölf Galeeren aus und übergab sie Räubern: Sie sollten die byzantinischen Länder anfahren und aus gerechter Rache wegen der schändlichen Behandlung seiner Schwester dort rauben und plündern. Jaufré aber sah weniger die Schmach, die der Geliebten widerfahren, als die Tatsache, dass sie nun frei war – frei für ihn. So bestieg er ein Schiff, das ihn nach Tripolis bringen sollte. Unterwegs jedoch schwanden seine Kräfte mehr und mehr, und als er landete, brachte man ihn, der schon im Sterben lag, in das Hospiz. Die Gräfin hörte, dass der gekommen war, der ihr, der fernen Geliebten, seine Lieder gesandt hatte. Sie machte sich sogleich auf und eilte an sein Lager. Jaufré spürte, dass sie bei ihm war, kam wieder zu Bewusstsein und dankte Gott, dass er ihm das Leben bewahrt hatte, bis er sie erblicken durfte. Sie nahm ihn in ihre Arme, und er starb, als sie ihn hielt. Darauf ließ sie ihn mit größten Ehren bei den Tempelrittern begraben. Den Schmerz über seinen Tod konnte sie nicht verwinden. Sie nahm am Tag des Begräbnisses den Schleier und wurde Nonne.

Diese Geschichte von der Liebe in der Ferne diente späteren Dichtern als Beweis dafür, dass nicht, wie allgemein geglaubt, die Augen die Liebe entstehen ließen, sondern das Herz, das sich ein Bild von der Schönheit der nie gesehenen Geliebten macht. Diese Liebe hatte Jaufré zu seinen kunstvollsten Liedern inspiriert; noch heute werden sie gesungen.

Jaufré Rudel, Lieder (vor 1147 ?) und Vida (13. Jahrhundert)   **225**

Ulrich
von Liechtenstein

Kein Liebesnarr

„Wenn ihr meine rechte Hand missfiele, schlüge ich sie ab", lässt Ulrich von Liechtenstein seiner Dame mitteilen. Einen Finger hat er schon geopfert und seine Lippe operieren lassen.

Es klingt ziemlich verrückt, was er in der Liebe erlebt haben will, der steirische Ritter. Wahr ist es nicht, aber gut erfunden, was er um 1250 in seinem ‚Frauendienst' erzählt. Er setzt die Vorstellungen vom Minnedienst in übersteigerter, burlesker Weise um in dieser fiktiven Dichterbiografie.

In der Realität war er ein wichtiger Politiker, dessen Tätigkeit in 94 Urkunden bezeugt ist. Er hatte bedeutende Hofämter bei den österreichischen Herzögen inne, war Truchsess, Marschall und Landrichter. In seiner Dichtung hingegen stellte er sich als Minnenarr dar. Tatsächliche Begebenheiten seiner Biografie spielen hinein wie die Schwertleite und Turniere, den roten Faden aber bildet der Dienst für eine Dame, die, so will es minnesängerischer Brauch, namenlos bleibt. Er integriert seine über fünfzig Lieder in die Erzählung, ähnlich wie es Dante Alighieri in seinem ‚Neuen Leben' tun wird.

„Die edlen Frauen will ich preisen, obwohl sie mir so oft den Lohn versagten für meinen Dienst. Nichts Herrlicheres schuf Gott als eine edle Frau" – so beginnt er seine Erzählung. Schon als Kind habe er sich entschlossen, den Damen zu dienen. Mit zwölf Jahren erwählte er sich eine Herrin, die ebenso schön wie von makelloser Gesinnung war. Er diente ihr als Page. Im Sommer pflückte er Blumen für sie; wenn man ihr das Wasser auf die Hände goss, dass sie sie vor und nach den Mahlzeiten wusch, so trug er es heimlich fort und trank es aus. Fünf Jahre blieb er bei ihr, dann holte ihn sein Vater zurück, um seine ritterliche Ausbildung zu vervollkommnen, bis er mit achtzehn das Schwert verliehen bekam.

An vielen Turnieren nahm er teil; dass ihm kein Kampf misslang, schrieb er seiner Herrin zu, in deren Dienst er antrat. Er hatte jedoch nie die Möglichkeit, sie zu sehen. Über eine Verwandte, seine Niftel (Cousine), die ihre Hofdame war, schickte er ihr die Botschaft, dass er ihr in Treue bis zum Tod dienen wolle: Er schrieb ein entsprechendes Lied für sie. Der Dame gefiel das Lied, seinen Dienst aber lehnte sie ab. Der Hauptgrund dafür sei: Sein Mund sei missgestaltet. Die Niftel riet ihm, diese Liebe aufzugeben und sich nach anderen Frauen umzusehen, Ulrich aber wollte nicht aufgeben: „Ich will mir gleich den Mund schön schneiden lassen", sagte er, „wenn es auch schmerzhaft ist, für sie tue ich es gern."

Er suchte sich den besten Arzt und ließ sich die Lippe operieren. Mannhaft ertrug er den Schnitt; sich an den Stuhl binden zu lassen (wie es üblich war), hatte er abgelehnt, er zuckte nicht, als der Arzt mit seinem scharfen Messer den Schnitt setzte. Zufällig war ein Knecht seiner Herrin dabei und als dieser sich wunderte, was er für seine Herrin erduldete, trug Ulrich ihm auf, ihr zu sagen, dass er auch seine rechte Hand für sie abhauen würde.

Sechs Wochen dauerte die Heilung, man strich ihm eine stinkende grüne Salbe auf die Wunde, und er konnte lange nicht essen und trinken. Dafür lobte ihn seine Niftel, nun habe er einen schönen Mund. Gleich schickte er sie mit einem neuen Lied zu seiner Herrin. Sie antwortete, sie wolle ihn sehen, aber nur aus Neugier wegen seines neuen Mundes. Die Begegnung verlief stumm: Ulrich brachte aus Liebesergriffenheit kein Wort

Gegenüber: Ulrich von Liechtenstein (um 1200–1275), bekleidete als Truchseß, Landmarschall und Landrichter hohe Ämter; aus: Große Heidelberger Liederhandschrift (Codex Manesse), Zürich, um 1300–um 1340. Universitätsbibliothek Heidelberg; Cod. Pal. germ. 848, fol. 237r.

heraus, und schließlich wandte sich die Dame ab – Ulrich sei unhöfisch, meinte sie. Schriftlich vermochte er sich besser auszudrücken, und so ließ er ihr ein gereimtes Büchlein mit Liebesversicherungen zukommen. Sie las es und sandte es zurück mit einem abweisenden Brief. Doch Ulrich verhielt sich wie ein rechter Minnesänger: Was die Dame auch tat, er nahm es hin und diente ihr umso ergebener.

Im Turnier von Friesach (das wirklich stattgefunden hat) verstach Ulrich einhundert Speere, er war nicht der Erste, aber auch nicht der Letzte auf dem Kampfplatz, wie er sagt. Er dichtete eine Tanzweise für seine Herrin, die von vielen gelobt wurde. Er sandte sie ihr, musste aber lange auf Botschaft warten.

Bei einem Turnier in Brixen mit einhundert Rittern zerstach ihm ein Gegner den Finger, als beide eine Lanze für ihre Geliebten brechen wollten. Nun verhielt sich seine Herrin, wie eine Minnedame soll. Sie beklagte in einem Brief seinen Unfall im Frauendienst und schickte ihm vier Büchlein zum Vorlesen und eine unbekannte Weise, in der er ein deutsches Lied dichten sollte. Er pries darin den Wert der Frauen und sprach von seines Herzens Glut, die selbst den Schnee entzünden würde. Lieber wolle er bei ihr sein als den Gral gewinnen. Dann aber wandte sie sich wieder von ihm ab, denn er habe gelogen, dass er seinen Finger für sie geopfert habe, denn dieser sei ja noch dran. Daraufhin ließ er sich den Finger abschlagen und setzte dabei selbst das Messer auf. Er sandte ihn in einem Büchlein, das in grasgrünen Samt gebunden und mit goldenen Beschlägen verziert war, an seine Dame, und sie behielt den Finger als Zeugnis dafür, was ein Mann für sie zu tun im Stande war. Erhören wollte sie ihn jedoch nicht, selbst wenn er ihr tausend Jahre diente.

Ulrichs nächste Unternehmung, die Venusfahrt, ist eine skurrile Mischung von höfischer Maskerade und ritterlicher Bewährung.

Er ließ sich zwölf Frauenröcke und drei Mäntel machen, kaufte mit Perlen umwundene Zöpfe und legte diese Kleidung an über seiner Rüstung. Als Frau Venus forderte er alle Ritter in der Lombardei, in Friaul, Kärnten, Steiermark, Österreich und Böhmen auf, mit ihr/ihm eine Lanze zu brechen. Jeder, der es tat, solle dafür ein goldenes Ringlein erhalten und es seiner Freundin geben, die ihn dann umso treuer lieben werde. Es wurde ein prächtiger Umzug, in neunundzwanzig Tagen verstach Ulrich 307 Speere und verschenkte 271 Ringe. Frau Venus streckte die Ritter so nieder, wie man es nie von Frauen gesehen hatte.

Zu Beginn seiner Fahrt hatte ihm seine Herzensfreundin einen Ring geschenkt, den sie zehn Jahre lang getragen hatte. Dann aber forderte sie ihn ohne einen bestimmten Anlass zurück – ganz die wankelmütige Minnedame, deren Verhalten der Diener ertragen muss. Die nächste Prüfung ließ nicht lange auf sich warten: Sie forderte ihn auf, als Aussätziger verkleidet vor ihrer Burg mit den anderen Kranken zu warten. Eine besondere Wurzel nahm er in den Mund, wodurch er aufgeschwollen und bleich wurde, und er färbte sein Haar grau. Er ertrug die Gesellschaft der Aussätzigen, aß mit ihnen und übernachtete bei Regen und Kälte in einem Feld. Die Dame schickte ihm eine Botschaft, er solle in der anbrechenden Nacht an ein hohes Fenster kommen, dort werde man ihn mit zusammengebunde- nen Laken hinaufziehen. Er versteckte sich im Burggraben, damit niemand ihn sehen konnte. Als er dort lag, ging der Haus- verwalter um die Burg herum, und als er gerade über ihm stand, schlug er auf ihn sein Wasser ab, so dass er ganz durchnässt war. Endlich sah er das Licht im Fenster, das Leintuch wurde herabgelassen. So gelangte er in die Kemenate zu seiner Herrin, die von acht schönen Frauen umgeben war. Er kniete vor ihr nieder und bat sie um Gnade, weil er sie so über alles liebe, wenn er bei ihr liegen dürfte, sei er am Ziel seiner Wünsche. Die Herrin hieß ihn, solche Gedanken sofort aufzugeben. Ihr Gemahl könne sicher sein, dass sie nie einen anderen umarme. Sie habe ihre Hofdamen zu sich geholt, damit er nicht etwa, nach mancher Männer Sitte, mit ihr ringe. Dadurch würde er für immer ihre Huld verlieren. Sie forderte ihn jedoch auf, wieder in das Laken zu treten, dann lasse sie ihn ein wenig herunter, sie ziehe ihn aber wieder nach oben und gebe sich dann ganz in seine Gewalt. Ulrich fürchtete, sie zöge ihn nicht wieder herauf, daher erlaubte sie ihm, zum Pfand ihre Hand festzuhalten. Sie führte ihn zum Fenster, und er trat in das Laken; als man ihn so weit hinab gelassen hatte, dass er erwartete, er solle wieder hinaufgezogen werden, sprach die Listige, sie habe nie einen lieberen Ritter gesehen als den, den sie bei der Hand halte, fasste ihn beim Kinn und forderte ihn zum Kuss auf. Freudig ließ Ulrich ihre Hand los und augenblicks fuhr er so schnell nach unten, dass er tot gewesen wäre, hätte Gott ihn nicht geschützt. Ulrich war wie von Sinnen vor Leid und wollte sich in den Burggraben stürzen. Ein Bote brachte ihn wieder zu sich, indem er ihm das Wangenkissen der Geliebten gab, welches sie ihm zur Besänftigung sende. In zwanzig Tagen wolle sie ihn wieder empfangen, sie habe ihn diesmal nur deshalb so entlassen, weil sie in Gegenwart ihrer Frauen gewesen sei. Doch sie dachte nicht daran, ihn zu erhören, freute sich vielmehr an den Liebesrasereien Ulrichs. Alle Lieder, die er ihr sandte, nahm sie gern entgegen. Immer wieder fuhr er zu Turnieren, er versäumte kein Ritterspiel im Dienst seiner Herrin. Schließlich tat sie ihm etwas an, das er verschweigen wollte, so sang er nur ein Klagelied: Er klagt den Frauen, dass die Geliebte seinen treuen Dienst nicht anerkenne, sondern ihm seinen ganzen Mut und seine Freude nehme, so habe er viele Tage seines Lebens sinnlos verschwendet. Die Herrin wurde jedoch auch hierdurch nicht bekehrt, und Ulrich schied endlich aus ihrem Dienst.

Was wollte der bedeutende Adelige Ulrich mit seinem Werk? Wollte er sich über den Minnedienst lustig machen, indem er ihn ad absurdum führte? Wollte er zeigen, dass es ihn nur in der Literatur geben konnte, wenn man ihn aber in das Leben umsetzte, nur blühende Sinnlosigkeit entstünde? Wollte er den Standesgenossen imponieren, indem er sich als souveräner und innovativer Autor zeigte? Das ist wahrscheinlich. Er war kein Minnenarr, sondern das genaue Gegenteil, ein gewitzter Politiker und – ein raffinierter Minnedichter.

Urich von Liechtenstein, ‚Frauendienst' (1255)

Dante und Beatrice

Dichtung
oder Dichterliebe?

"Ein Gott kommt, der stärker ist als ich, er wird mich beherrschen." Dieser Gott ist der Liebesgott, er soll von nun an die Seele des Dichters regieren. Damit beginnt für ihn das ‚Neue Leben' – so ist der Titel einer Erzählung, die Dante Alighieri im Jahre 1293 verfasste: eine Liebesgeschichte in der Ich-Form. Um 31 Gedichte herum geschrieben, erzählt sie von der Liebe zu Beatrice. Diese trägt einen allegorischen Namen: die Glückbringende. Ob es eine wirkliche Beatrice, etwa die 1276 geborene Beatrice Portinari, in Dantes Leben gegeben hat und was sonst an eigenen Erfahrungen in die Erzählung eingeflossen ist, muss offen bleiben. Sie ist nach dem Muster der fiktiven Troubadourbiographien verfasst, die deren Liedern einen Rahmen geben. Hier aber scheint dieser das eigentlich Wichtige zu sein. Wie bei den Sängern ist es eine unerwiderte Liebe, die Dame bleibt unerreichbar wie ein Phantom, nur ein Anlass für Gefühle – und Lieder. ‚Das neue Leben' kann auf vielerlei Weise verstanden werden: mit Beatrice als Verkörperung der Dichtkunst, als Allegorie auf die Stadt Florenz oder auch theologisch – aber es hat den Verlauf einer autobiografischen Liebesgeschichte.

Der Erzähler war neun Jahre alt, als er die Geliebte zum ersten Mal erblickte. Sie war nur wenig jünger als er. In ein rotes Gewand gekleidet, erschien sie geschmückt und gegürtet, wie es ihrem Alter entsprach. Da erbebte der Geist des Lebens in ihm und kündete den Liebesgott an, der ihn zukünftig beherrschen sollte. Dieser veranlasste ihn, den Anblick der jugendlich-engelhaften Gestalt zu suchen, von der man sagen könnte: "Sie schien nicht die Tochter eines sterblichen Menschen, sondern eines Gottes." Neun Jahre vergingen seit jener ersten Begegnung, da sah der Dichter sie wieder, weiß gekleidet in Begleitung von zwei älteren Frauen. Sie grüßte den jungen

235

Mann mit unaussprechlichem Anstand, während er ängstlich und scheu wartete und glaubte, die höchste Seligkeit zu erleben.

Im Schlaf erschien ihm in feurigem Nebel der Liebesgott, in dessen Armen schlief, in ein rotes Tuch gehüllt, die Herrin des Grußes. In einer Hand trug Amor das Herz des Dichters, er gab

Dante und Beatrice im Mondhimmel. Zeichnung von Sandro Botticelli (1445–1510) zu Dantes Göttlicher Komödie, *Paradiso V.*
Staatliche Museen zu Berlin, Kupferstichkabinett und Sammlung der Zeichnungen.

es der Geliebten zur Speise. Angstvoll erwachte der Träumende. Der Dichter verfasste darauf sein erstes Sonett: Jedes verliebte und edle Herz grüßt er im Namen Amors. Alle Gedanken richtete er auf die Geliebte, die Freunde sahen ihn blass und krank. Dass die Liebe der Grund dafür sei, bekannte er, wem sie jedoch galt, wusste er zu verbergen.

Der Beginn der Liebe ist nach einem literarischen Modell der Troubadourdichtung dargestellt: Die Liebe beim ersten Anblick, der als Auszeichnung und Anerkennung des Liebenden erfahrene Gruß, auch das Motiv vom gegessenen Herzen kommt aus der französischen Liebesdichtung, es fasst die Verschmelzung in ein Bild, das von der Eucharistie, dem Essen des Leibes Jesu, beeinflusst ist. Das Gebot der Heimlichkeit stammt ebenfalls aus der genannten Tradition, denn die Lieder der Troubadours galten meist verheirateten Damen. Und falls tatsächlich Beatrice Portinari der Geliebten des Dichters ihren Namen geliehen hat, so war auch sie (seit 1287) verheiratet.

Viele Jahre vermochte der Erzähler, die Freunde zu täuschen. Diese Geheimhaltung ging so weit, dass er in Gesellschaft, wenn Beatrice im gleichen Raum weilte, eine andere Frau so intensiv anschaute, dass der Eindruck entstand, diese sei seine Geliebte. Zur Täuschung verfasste er sogar Liebesgedichte auf die andere Frau, etwa als die vorgebliche Geliebte die Stadt verließ und der Dichter ein trauriges Gedicht schrieb:

„O ihr, die ihr den Pfad der Liebe geht,
haltet still und seht,
ob je ein Schmerz so tief war wie der meine.
Die Liebe hatte mir ein selig Leben
verliehen, würdig war ich nicht.
Nun aber hab ich allen Mut verloren
und arm, wie ich geboren,
bleib ich zurück."

Auf Befehl des Liebesgottes wählte er eine neue Scheingeliebte, um seine wahre Liebe zu verbergen. Er bemühte sich so sehr um diese, dass man in der Stadt viel über die vermeintliche Freundin redete. Aus diesem Grunde verweigerte ihm Beatrice ihren Gruß. Das traf den Dichter in tiefster Seele, und er vergoss bittere Tränen. Der Liebesgott erbarmte sich seiner und forderte

Dante und Beatrice im Merkurhimmel. Zeichnung von Sandro Botticelli (1445–1510) zu Dantes Göttlicher Komödie, Paradiso VII. *Staatliche Museen zu Berlin, Kupferstichkabinett und Sammlung der Zeichnungen.*

ihn auf, in einem Gedicht seine Liebe zu bekennen, doch so, dass der Name Beatrices nicht genannt würde, weil sich das nicht ziemte. Der Erzähler überlegte: Die Liebe sei einerseits gut, weil sie von niedrigen Dingen abhalte, andererseits müsse der treue Liebende schmerzlich leiden. Der Name der Liebe sei so süß, daher müsste auch ihr Wirken süß sein.

„Meine Gedanken sprechen nur von Liebe
doch unter sich sind sie gar sehr verschieden.
Ich stehe zweifelsvoll, will reden,
Doch weiß ich gar nicht, was ich sagen soll.
Und will ich lösen jegliche Verwirrung,
muss ich Frau Gnade, die mir feind ist, bitten."

Feind ist ihm Frau Gnade, weil er keine Erhörung bei seiner Geliebten findet. Als er sie wieder erblickte, zitterte er am ganzen Körper und fiel fast in Ohnmacht; einem Freund, der diese Verstörung miterlebte, sagte er: „Ich habe den Fuß an die Schwelle des Lebens gesetzt, die man nicht überschreiten darf, wenn man zurückkehren will." Der Erzähler spielt mit dem Motiv der Grenzüberschreitung in der Liebe, dem „Land, aus dem keiner wiederkehrt". Er erträgt die Gegenwart der vollkommenen Schönheit nicht, obwohl sie zum Inhalt seines Daseins geworden ist. Er wurde gefragt, worin denn die Glückseligkeit liege, wenn er doch den Anblick der Geliebten meide. Er antwortete: „In diesen Worten, die meine Herrin preisen." Die Dichtung im Dienst der Geliebten wird zum Sinn seines Lebens, die Liebe wird durch sie unvergänglich. Der Dichter braucht Beatrice – nur – als Auslöser der Gefühle und Gedanken, die ihm ermöglichen, Poesie zu schaffen.

Als der Vater Beatrices starb, empfand er ihren Schmerz, als sei es sein eigener. Bald ergriff ihn eine schwere Krankheit, aber nach neun Tagen kehrte er durch die Gedanken an Beatrice in das Leben zurück. Doch die Erfahrung der Todesnähe ließ ihn nicht los, er hatte eine Vision der Endzeit: Die Sterne weinten, die Vögel fielen vom Himmel, die Erde erbebte. Das erwies sich als Prophezeiung: Die Geliebte selbst starb und ließ ihn wie verwitwet zurück. Am Jahrestag ihres Todes schrieb er ein Gedicht.

Prüfung in der Liebe. Dante erblindet durch das strahlende Licht des Johannes. Zeichnung von Sandro Botticelli (1445–1510) zu Dantes Göttlicher Komödie, Paradiso XXVI.
Staatliche Museen zu Berlin, Kupferstichkabinett und Sammlung der Zeichnungen.

„Es war in meinen Sinn gekommen
die edle Frau, um ihres Wertes willen
erhob der höchste Herr im Stillen
sie in den Himmel, wo Maria weilt."

Der Dichter suchte Trost bei einer anderen Frau, doch in einer Vision zur neunten Stunde erschien ihm Beatrice in dem blutroten Kleid ihrer ersten Begegnung, und er schämte sich seiner mangelnden Beständigkeit. Daraufhin entschloss er sich, Lieder zum Preis der Verstorbenen und der Klage über ihren Verlust zu machen. Seine wortgewaltige Dichtung ist es, die Beatrice für die Nachwelt bewahrt.

In seinem Hauptwerk, der ‚Göttlichen Komödie', wirft sie ihm seine Untreue in bitteren Worten vor, und er bekennt seine Schuld. Diese Versöhnung ist die Voraussetzung dafür, dass die „Geliebte der ersten Liebe" auf seiner Jenseitsreise zur „süßen Führerin" durch das Paradies wird. Sie erhält Züge der allegorischen Verkörperung der Philosophie und Theologie, ja sogar der Kirche, der Ecclesia, selbst. Der Dichter aber erinnert sich auch im Himmel an „das süße Lächeln vom ersten Tag", als er „im Erdenleben ihr Antlitz sah". Dann reiht sich Beatrice in die Reihe der Heiligen zu Füßen der Gottesmutter ein, unendlich fern erscheint sie, doch sie sendet ihm einen letzten lächelnden Blick zu.

Beatrice ist einerseits das Symbol des Lebens in Gott, daher der immer wieder aufgegriffene Bezug zur Neun als höchster Ausdruck der Dreieinigkeit, andererseits ist sie die nach allen Regeln der Troubadourkunst „erfundene" geliebte Frau. Dazu gehört ein Dichter, der kraft dieser Liebe ein „neues Leben" begonnen hat, das er der Poesie widmet, einer Poesie, in der irdische und himmlische Liebe eins sein können.

Dante Alighieri, ‚Das neue Leben' (1293)

Oswald
und Margarethe

Keine Dichterliebe

„Durch manches Land zog ich – mein Herz verlor ich nie. Doch nun lockt mich ein roter Mund aus Schwaben" – so singt Oswald von Wolkenstein. Begütert war er nicht, der Tiroler Adlige, aber eben deshalb weit herum gekommen. Er hatte immer wieder versucht, eine geachtete Stellung in der Gesellschaft zu erwerben. Das war ihm im Jahre 1415 gelungen: Der deutsche König Sigmund hatte ihn gegen einen guten Jahressold in seine Dienste genommen. Endlich konnte er an Heirat denken. Das hat er selbst in einem Lied ironisiert, in dem er mit 38 Jahren eine vorläufige Bilanz zog. Oswald war Dichter und Sänger, 116 Lieder gibt es von ihm, auf eigene und übernommene Melodien geschaffen. Obwohl die zahlreichen Urkunden nichts von Auftritten erwähnen, war er stolz auf seine dichterischen Werke, denn er hat sie in aufwändigen Handschriften festhalten lassen.

Das Lied Nr. 18 beginnt mit seinem Auszug aus der elterlichen Burg im Alter von zehn Jahren. Ungewöhnlich war das nicht, viele Adelssöhne wurden hinausgeschickt, einem Ritter mitgegeben, allerdings waren sie dann zumeist schon vierzehn oder fünfzehn Jahre alt. Drei Pfennige und ein Stückchen Brot habe er bekommen, damit sei er aufgebrochen: Das waren symbolische Gaben: der Notpfennig und das Heimwehbrot. Er zog als Begleiter eines fahrenden Ritters von Hof zu Hof, als Laufbursche, Koch und Pferdeknecht, wie es üblich war. An Kriegszügen nahm er teil, trieb Handel auf See, lernte viele Sprachen, erhielt Auszeichnungen. Er habe Mönch werden wollen, behauptet er, und in der Kutte besonders viele Avancen von Frauen gehabt. Gern stellt sich Oswald als Frauenheld dar. *„Nun aber"*, singt er, *„wäre es an der Zeit, dass ich der eigenen Kinder Schreien als Ehemann nun hörte aus der Wiege gellen ... Doch fürchte ich der Ehefrauen Bellen."*

Im Sommer 1417 oder 1418 heiratete er die schwäbische Adelige Margarethe von Schwangau. Sie gehörte einer alten, angesehenen Familie an, aber der Besitz der Schwangauer war nicht groß, die Burg war eher bescheiden, so wie die Oswalds auch, und sah nicht so aus wie das heutige (Hohen)Schwangau, ein Märchenschloss des Bayernkönigs Ludwig II. Zu den Vorfahren Margarethes gehörte ein Minnesänger: Hiltbolt von Schwangau. Vielleicht beeindruckten daher die Sangeskünste Oswalds die junge Frau und ihre vier Brüder, mit denen er den Ehevertrag aushandelte, denn Frauen waren nur begrenzt rechtsfähig. Wichtiger als das Dichtertum des Wolkensteiners waren das gesicherte Einkommen und der Besitz in Tirol. Dass Oswald eine geachtete Stellung einnahm, zeigte sich im Lauf des Konzils von Konstanz, wo er in den Dienst König Sigmunds aufgenommen worden war. Wahrscheinlich ritt er von dort zum nahe gelegenen Schloss Schwangau, vielleicht kamen auch die Schwangauer einmal in die Konzilsstadt. Der Ehevertrag sah eine Mitgift von fünfhundert rheinischen Gulden vor. Sie konnten, anders als abgemacht, nicht bei der Eheschließung übergeben werden, da die Brüder der Braut anscheinend nicht über genügend flüssige Mittel verfügten. Oswald ließ sich auf eine Zahlung in fünf Jahresraten ein. Mit Margarethe zog er auf seine Burg Hauenstein. Diese gehörte ihm nach dem Erbteilungsvertrag zwar nur zu einem Drittel, aber er setzte kurzerhand den Verwalter vor die Tür und kassierte die gesamten Abgaben, ein Vorgehen, das sein Bruder nicht lange duldete.

Die Verbindung zwischen Oswald und seiner Gretl, wie er sie nannte, war mehr als eine politische Adelsehe. Er hat seine Frau in einer ganzen Reihe von Liedern besungen. So nennt er ihren Namen in einem Tagelied. Das ist eine alte Gattung, die es auf der ganzen Welt gibt: Sie besingt den Abschied zweier Liebender nach gemeinsam verbrachter Nacht. Oswald schafft eine eigene Spielart: die Liebessehnsucht auf einsamem Lager, bis endlich das liebe Gretli erscheint:

„Komm höchster Schatz!
Mich schreckt ein Ratz,
der rührt sich frech,
da wache ich auf.
Lässt mir nicht Ruh,
nicht spät noch früh!
Tu was dazu,
damit das Bettlein krache!
Die Freude schenkt das höchste Glück,
wenn das mein Herz bedenkt:
mein schönes Lieb
wird zärtlich mich
am Morgen dann umarmen.“

In einem anderen Lied besingt er das gemeinsame Bad, eine Gelegenheit zum Liebesspiel:

„In das Bädli, Ösli, Gretli,
Bunte Blüten machen munter!
Mit Laub bestecke uns das Bad.
Bringt die Wanne und die Kanne.
Wasche, Maidli, mir das Schaitli!
Reib mich, Mädli, um das Näbli!
Hilfst du mir,
dann fang ich dir das Rätzli!“

Bei welcher Gelegenheit Oswald dieses Lied gesungen hat, bleibt ein Rätsel. Er hätte doch kaum seine Freunde beim verliebten Bad mit der eigenen Frau „zuschauen“ lassen. In anderen Liedern lobt er Margarethes Schönheit, doch mischt sich in den konventionellen Preis immer wieder zärtlich-körperliche Sprache:

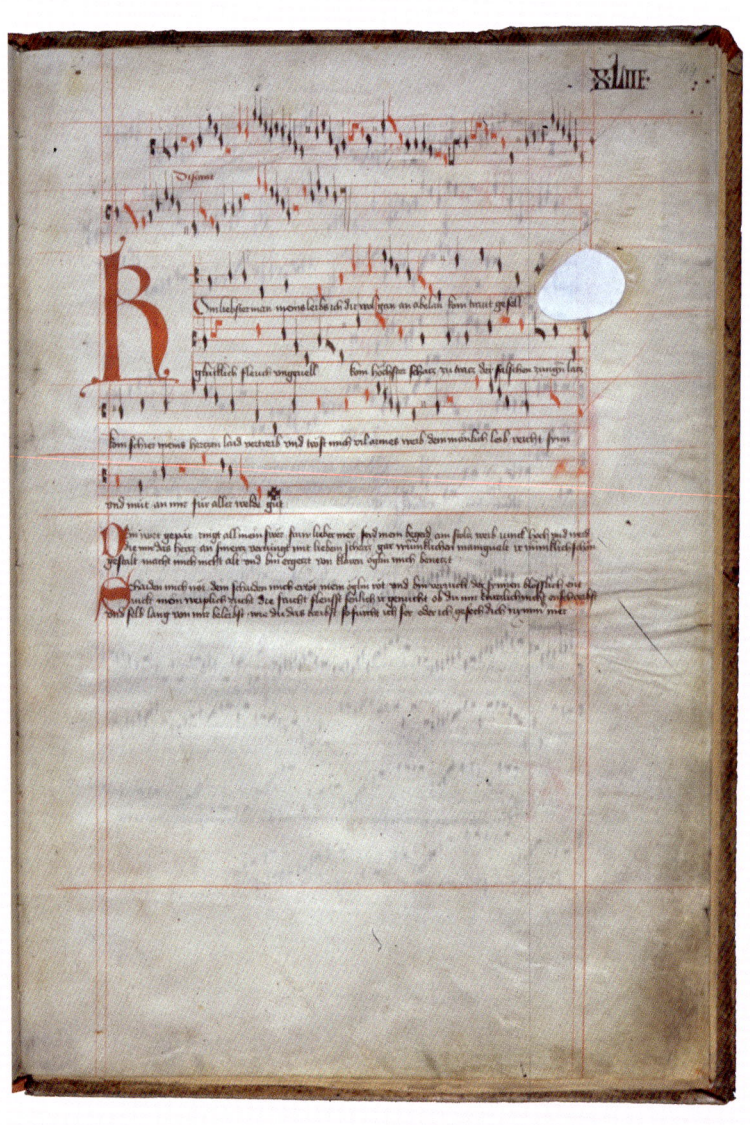

„Kom liebster man …", Liebeslied, um 1432, mit Nachträgen 1436 und
1438.
*Universitäts- und Landesbibliothek für Tirol, Innsbruck; Cod. Wolkenstein,
Liederhandschrift B, fol. 43r.*

„Du kannst mich besser nicht erfreuen,
als wenn ich lieg an deinem Arm
Ganz wie ein Klausner im Gehäus."
„Zu deiner Lust bin ich bereit, ohne Zögern mache ich dir warm
und das ist mir die größte Freud."
„Hab Dank, du meine Zarte!"
„Mein Liebster, das ist höchste Lust,
wenn ich umfasse deine Brust!"
...
„Und voller Freud wird deine Frau,
wenn deine Hand ihr Brüstlein drückt."
„Ach Frau, es ist so zuckersüß
und freut mich durch den ganzen Leib."

In anderen Gedichten versicherte er sie seiner Treue bis zum
Tode. Man glaubt gerne, dass Oswald und Margarethe glückli-
cher lebten als es in den meisten Adelsehen der Fall war. Sieben Kinder brachte sie zur Welt, und sie überlebte Oswald
wenige Jahre. Die erhaltenen Briefe sprechen von ihrer Tätigkeit
als Verwalterin des Familienbesitzes und von der Sorge um
die Gesundheit ihres Ehemannes. Als er im Jahre 1445 schwer
erkrankte, reiste sie von Hauenstein nach Meran und war bei
ihm, als er starb. Oswald von Wolkenstein wurde als Dichter
und Sänger im 19. Jahrhundert wiederentdeckt – heute singen
Mittelaltermusiker seine Lieder. In ihnen ist seine Liebe zu
Margarethe gegenwärtig – Vergleichbares kann man von
keinem mittelalterlichen Ritter berichten.

Oswald von Wolkenstein (zwischen 1376/78–1445), Lieder
Margarethe von Schwangau (um 1392–nach 1451)

Mai und Beaflor

Liebe gegen die Eltern

„Sogleich küsste er sie mit fleischlichem Verlangen – o weh, das war viel zu viel", berichtet der Erzähler über den Besuch des römischen Königs bei seiner Tochter. Tochterinzest und dazu noch Muttermord: In solcher Schärfe wird die Ablösung von den Eltern als Voraussetzung für eine Liebesbindung gestaltet. Beaflor flieht vor dem sie inzestuös begehrenden Vater zu Mai. Schon ihre jeweiligen Namen bestimmen sie für einander: Sie heißt „Schönblume", er trägt den Namen des Frühlingsmonats. Mais Mutter bekämpft die Verbindung mit Beaflor in tödlichem Hass. Dieser, das Kennzeichen der typischen „bösen Schwiegermutter", ist, wie so oft in mittelalterlicher Literatur, ständisch motiviert: Beaflor legitimiert sich nicht durch die Zugehörigkeit zu einer Adelsfamilie. Die Liebe des Paares wird durch die Verleumdung Beaflors und ihre Flucht vor der Hinrichtung auf harte Proben gestellt, doch bleibt sie Siegerin.

Telion, der König von Rom, hatte eine wunderschöne Tochter, Beaflor, um die viele mächtige Fürsten warben. Der Vater wies alle ab. Als das Mädchen zehn Jahre alt war, starb die Mutter. Ihr Vater befahl sie daraufhin dem Fürsten Roboal und seiner Frau Benigna zur Erziehung. Telion besuchte Beaflor oft; der Teufel verführte ihn bald dazu, sie fleischlich zu begehren. Er versuchte zuerst, sie mit Überredung, dann mit Androhung von Gewalt zur Erfüllung seiner Begierden zu bringen. Sie vertraute sich Roboal und Benigna an, und diese besorgten ihr ein Schiff zur Flucht. Es wurde mit Speise und Trank gut versehen, zudem nahm sie den reichen Schmuck mit, den ihr ihre Mutter, wie es Brauch war, hinterlassen hatte. Das Schiff legte ab, Gott sandte einen günstigen Wind. Als der Vater erfuhr, dass seine Tochter verschwunden war, überkam ihn Reue wegen seiner unerlaubten Begierden.

Beaflor wurde weit verschlagen, bis nach Griechenland, wo der junge Graf Mai die Herrschaft innehatte. Er empfing sie gastfreundlich. Die Schönheit des Mädchens entzündete sein Herz, und er bat seine Mutter, sie möge sich der jungen Frau annehmen. Sie wurde so lange gepflegt, bis sie ihr früheres Aussehen wiedergewonnen hatte und noch schöner war als zuvor. Mai warb um ihre Liebe; sie wollte sie ihm gewähren, wenn es mit Ehren und ohne Sünde sein könnte. Also entschloss sich der junge Graf, sie zur Ehe zu nehmen. Seine Mutter aber redete dagegen: Beaflor sei verstoßen worden, weil sie eine Zauberin sei. Mit einer Heirat werde er Schande über die Familie bringen. Mai verwies auf den reichen Schmuck und Beaflors adelige Erscheinung als Zeichen ihrer hohen Abkunft, aber das überzeugte die Mutter nicht. Sie zog sich voller Zorn auf ihre Burg Klaremunt zurück. Mai berief seine Räte ein, sie waren, ähnlich wie die Mutter, zuerst dagegen, weil die Ehe mit einer Unbekannten keine politischen Vorteile bringen konnte. Doch als sie ihre Schönheit sahen, schmolzen die Bedenken dahin: Das musste eine adelige Frau sein. Die Hochzeit wurde mit großem Gepränge begangen. Dann regierten beide das Land so gut, dass alle Leute sie priesen. Die Liebe zwischen beiden wuchs von Tag zu Tag. Bald konnte Beaflor ihrem Gemahl mitteilen, dass sie schwanger sei. Damit war ihr Glück vollkommen. Mais Oheim, der König von Kastilien, sandte ihm Boten; er brauchte seine Hilfe gegen die Araber, die einen großen Teil Spaniens innehatten und ihn angriffen. Nur ungern folgte der junge Graf diesem Ruf, seine junge Frau gab er in die Obhut zweier Räte, Cornelius und Effreide. Als er von ihr zärtlichen Abschied nahm, rief sie Gott an, ihren Mann zu schützen und fiel vor Leid in Ohnmacht. Während er kämpfte, betete sie beständig für ihn. In Spanien beging er trotz seines jugendlichen Alters viele tapfere Taten. Währenddessen brachte seine

Frau einen Sohn zur Welt. Die beiden Räte schrieben Mai einen
Brief mit dieser guten Nachricht, und auch Beaflor gab dem
Boten ein Schreiben mit, in dem sie ihre Freude ausdrückte,
in ihrem Sohn ein Ebenbild seines Vaters zu sehen.
Der Bote nahm den Weg über Klaremunt, um Mais Mutter
an der Freude teilhaben zu lassen. Diese jedoch fasste einen
bösen Plan und schenkte dem Boten so viel edlen Wein ein,
dass er trunken da lag. Dann vertauschte sie die Briefe. Den
der Räte ersetzte sie durch die Mitteilung, Beaflor habe mit zwei
Pfaffen Ehebruch getrieben und einen Wolf zur Welt gebracht.
Beaflors Schreiben ersetzte sie durch ein Schuldbekenntnis.
Als der Bote am nächsten Morgen aufbrach, forderte sie ihn
auf, auf dem Rückweg wieder bei ihr vorbeizukommen. Mai
las die Briefe, war zu Tode erschrocken und fiel vom Pferd.
Er wünschte sich, dass er im Heidenkampf gefallen wäre und
hätte sich am liebsten ertränkt.
Der Bote war entsetzt über diese Reaktion: Er könnte ihm
doch nur Gutes melden, dass seine Frau gesund sei und einen
schönen Sohn zur Welt gebracht habe. Mai aber glaubte den
Briefen mehr als dem Augenzeugen. Das war in der alten
Zeit anders, da galt das gesprochene Wort, man glaubte dem
Menschen mehr als dem Papier und dem Geschriebenen. Nun
aber besitzt die Schriftlichkeit den höheren Wahrheitsanspruch.
Und so schrieb denn Mai an seine beiden Räte Cornelius und
Effreide, sie sollten nichts ohne ihn unternehmen, sondern
seine Frau und das Wesen, das sie geboren hatte, bis zu
seiner Rückkehr in ihre Obhut nehmen.
Das Motiv der unschuldig verleumdeten Ehefrau wird benutzt,
um die Liebe eines Paares in schwerster Prüfung zu bewähren,
meist ist es die Ehefrau, die die größte Last zu tragen hat.
Hier zeigt sich Mai trotz seiner abgrundtiefen Enttäuschung als
vernünftig handelnder Herrscher und Richter, der die Sache

Als ich da vor gesprochen han
Es hette der künig wol gethan
Sein muter noch dann leben
Der hette er in gegeben
Uff halbem weg nun wyssen das
Zwischen Lunden da d künig was
Ir kse stür vnd ein einig lant
Da kam der botte hin gerant
Wan es sein rechter wege was
Vnd also balde er abe saß
Vnd in die alte künigin sach

Das erste wort das sie da sprach
Sie grüßte in vnd fragt in mer
Wa er doch keme gerytten her
Vnd er fürbas wolte rytten
Der bot antwurt zü den zytten
Ich wil rytten gar geschwinde
Da ich meinen herren finde
Vwern sun dē küng vō Engellant
Zü dē hat mich der marschalck gsant
Vnd mein frow die marschelckin
Gnedige frow da wil ich hin.

Wie der bot von dem marschalck geschickt

ward zü dem künig in krieg mit botschafft das die künigin eins schöne suns ge-
nesen was. Vnd wie er vnderwegen by des künigs muter über nacht blyb/vnnd
sie im die brieff heimlich wechselt ꝛc.

selbst untersuchen will. Doch er rechnete nicht mit der Intrige seiner Mutter.

Als der Bote auf der Rückkehr zum zweiten Mal bei ihr Station machte, vertauschte sie wiederum den Brief. Der trug nun den beiden Räten auf, Beaflor und ihr Kind auf der Stelle vierteilen zu lassen, andernfalls müssten sie und ihre Familien mit dem Tode büßen. Als der Bote dieses Schreiben übergab, waren Cornelius und Effreide außer sich. Sie konnten die schuldlose Frau und ihr Kind nicht töten, fürchteten sich jedoch vor der angedrohten Strafe. Als sie Beaflor, die angesichts ihrer Reaktionen Angst hatte, Mai sei etwas zugestoßen, von seinem Befehl berichteten, wollte sie den Tod erleiden, wenn nur ihr Kind gerettet würde. Diese Haltung der demütigen Opferbereitschaft gehört zu dem literarischen Typus der verleumdeten Frau, sie reflektiert allerdings auch, dass in mittelalterlichem Verständnis der Mann der Herr der Ehe war. Doch die Tötung einer untreuen Gemahlin gehörte nicht zu seinen Rechten. Die beiden Räte fanden einen Ausweg: Beaflor solle in den gleichen Kleidern, die sie bei ihrer Ankunft getragen hatte, mit ihrem Kinde auf ihr Schiff gehen, und man würde verbreiten, dass der Befehl Mais ausgeführt und sie hingerichtet worden sei. Das Volk aber, dessen Zuneigung Beaflor gewonnen hatte, empörte sich, zog dem heimkehrenden Grafen entgegen und wollte ihn steinigen. Da wurde der Betrug aufgeklärt, der Bote gestand, die überführte Mutter wurde vom eigenen Sohn im Zorn erstochen. Das hielten alle für richtig, Mai selber aber war über seine Tat entsetzt und verfluchte die Stunde seiner

Gegenüber: Die Mutter von Mai vertauscht den Brief.
Hans von Bühel, Die Königstochter von Frankreich. *Grüninger (Straßburg), 1500.*
Zentralbibliothek Zürich; II App 102,3, fol. XVIIr.

Geburt: Frau und Kind getötet, zum Muttermörder geworden, da sah er keinen Ausweg. Man hielt ihn noch soeben vom Selbstmord ab, und der Bischof wies ihn auf ein Leben der Buße hin. Der Papst könne ihn von seiner Sünde freisprechen. Das Schiff mit Beaflor und ihrem Sohn wurde von Gott nach Rom geführt. Als es den Tiber hinaufsegelte, erkannte es Roboal sofort. Er fürchtete, Beaflor sei tot, und ließ das Schiff an Land ziehen. Zu seiner größten Freude fand er seine Ziehtochter lebend. Er und Benigna konnten Beaflors Angst vor ihrem Vater vertreiben: Er bereue sein sündhaftes Begehren. Mit ihrem Sohn wurde sie von dem Paar aufgenommen und versorgt. Das Kind wurde auf den Namen Lois getauft.

Acht Jahre lang lebte sie bei Roboal, acht Jahre büßte Mai, er ging barfuß, trug wollene Kleidung und ließ seinen Bart wachsen, kurz: Er lebte nicht mehr als Fürst, sondern als Büßer. Das war für die Seinen schwer erträglich, denn das höfische Leben in Griechenland kam zum Erliegen. Schließlich riet ihm der Bischof zur Pilgerfahrt nach Rom.

Die öffentliche Buße ist nichts Ungewöhnliches bei einem so schweren Vergehen wie Muttermord. Sie reflektiert allerdings ebenso die Trauer um die vermeintliche Tötung Beaflors und wird damit zur Voraussetzung für die glückliche Lösung.

Als Mai nach Rom kam, schickte er seine Leute voraus. Sie trafen auf Roboal, der ihnen sein Haus anbot. Er zog mit Lois dem Büßer entgegen und begleitete ihn zu seiner Frau. Beaflor wurde die Ankunft ihres Mannes mitgeteilt, sie solle jedoch tun, als ob sie ihn nicht kenne. Die Wiedererkennungsszene, ein Lieblingsmotiv der Zeit, wird, so lange es geht, hinausgezögert, als letzte Prüfung der Liebenden.

Man kleidete Beaflor in ihre königlichen Gewänder und führte Mai zu ihr. Er blickte sie an, sie glich seiner Frau bis aufs Haar, jedoch schien sie ihn gleichgültig anzusehen, als wüsste sie nicht, wer er sei. Das stürzte ihn in große Bedrängnis. Man setzte sie beim Essen einander gegenüber, beide waren tief bewegt. Beaflor aber hielt sich an die Abmachung, sich nicht zu offenbaren. Am nächsten Tag ließ Roboal König Telion und den Papst rufen, da ein Büßer gekommen sei, der seine Mutter sowie Frau und Kind auf dem Gewissen habe. Als Beaflors Vater eintraf, verkündete ihm Roboal, dass seine Tochter von den Toten auferstanden sei. Nun endlich durften sich Mai und Beaflor erkennen und umarmen. Der Vater bekannte dem Papst seine Sünde und gab seine Krone auf. Mai erhielt Vergebung für die Tötung der Mutter, wurde zum König geweiht und seine Beaflor zu Königin. Er regierte als vorbildlicher Herrscher. Nach einem langen schönen Leben erhielten Mai und Beaflor die ewige Krone.

Anonym, ‚Mai und Beaflor‘ (um 1270/80)

Guy von Coucy und Gabrielle von Vergy

Das gegessene Herz

„Die süße Trauer, die mir die Liebe oft beschert, lässt mich, edle Frau, viele schöne Verse von Euch singen", so beginnt ein Lied des Troubadours Guilhem de Cabestaing. Von ihm oder von Guy (oder Raoul) von Coucy, auch von Guiscardo aus Salerno und anderen wird die Geschichte vom gegessenen Herzen erzählt. Sie zeigt die vorbildliche treue Liebe eines Paares, die weder durch Trennung noch durch den Tod zerstört werden kann, ja, die im Tod und dem Essen des Herzens zur vollkommenen Einheit gelangt. Diesen Aspekt, der auf das Altarsakrament verweist, in dem sich der Gläubige durch den Genuss von Leib und Blut Jesu mit diesem vereinigt, hat Konrad von Würzburg in seinem ‚Herzmäre' aus der Mitte des 13. Jahrhunderts besonders herausgestellt. Seine Gestalten tragen keine Namen, denn sie verkörpern Ideale.

Ein Ritter (nennen wir ihn Guy) und eine Dame (Gabrielle von Vergy) waren einander mit Leib und Seele innigst verbunden. Die Liebe hatte sie völlig durchdrungen, niemals übte jemand größere Treue als sie, sagt der Erzähler. Doch sie konnten nicht zusammen kommen, denn die Dame war mit einem nicht mehr jungen, aber sehr angesehenen Mann verheiratet. Daher vermochten Guy und Gabrielle nie ihr Verlangen zu stillen, sie litten heftig darunter. Er besuchte sie jederzeit, wenn es nur möglich war, und sie führten verliebte Gespräche, redeten über ihr Begehren und ihr Leid. Das bemerkte der Ehemann. Er beobachtete sie genau und erkannte, dass beide voll Sehnsucht nacheinander vergingen. Er überlegte, wie er sie auseinander bringen könnte und dachte an die alte Redensart: aus den Augen, aus dem Sinn. Deshalb beschloss er, eine Wallfahrt zum Heiligen Grab zusammen mit seiner Frau zu unternehmen, in der Hoffnung, sie werde ihre Liebe zu Guy vergessen. Als dieser das erfuhr, sah er nur eine Möglichkeit, dem Tod aus Liebessehnsucht zu entgehen: ihr nachzufahren in das Heilige Land. Seine Geliebte schlug ihm eine andere Lösung vor: „Freund, verhindere, dass ich diese gefährliche Fahrt unternehmen muss. Ziehe du allein zuvor hinüber. Wenn mein Mann gehört hat, dass du über das Meer gefahren bist, bleibt er hier und zugleich wird sein Verdacht beseitigt. Wenn das Gerede über uns verstummt ist, kehrst du zurück. Nimm diesen Ring von mir, er soll dich an mein Leid erinnern, durch das ich dir verbunden bin. Küsse mich und tu, um was ich dich bitte!" Guy erwiderte: „Ja, ich will es. Ich habe an Euch Seele, Herz und Verstand verloren, ich bin Euch untertan wie ein Leibeigener. Ich werde große Not leiden, weil ich Euch nicht sehen kann, und große Furcht befällt mich, ich könnte sterben, bevor ich Euch noch einmal begegne."

Die Liebenden nahmen Abschied. Für alle Freuden waren ihre Herzen tot, sagt der Dichter. Guy ließ sich mit dem ersten Schiff übersetzen. So unendlich sehnte er sich nach Gabrielle, dass er vor Schmerz krank wurde. Als er erkannte, dass ihm der Tod bevorstand, bat er seinen Knappen: „Höre, mein Freund! Ich spüre, dass ich sterben muss aus Liebe zu meiner Herrin. Wenn ich tot bin, lass mir den Leib aufschneiden und nimm mein Herz heraus, blutend, wie es ist. Dann sollst du es einbalsamieren und in ein goldenes Kästchen legen. Tue den Ring dazu, den sie mir gegeben hat, und bring es zu meiner Herrin. Sie soll daran erkennen, dass mein Herz aus Liebe zu ihr gebrochen ist. Gott gebe ihr Freude in diesem Leben." Mit diesen Worten verschied der Ritter. Der Knappe tat, wie ihm aufgetragen. Als er zu der Burg, wo sich Gabrielle aufhielt, kam, begegnete er auf freiem Feld dem Ehemann. Dieser erkannte ihn sogleich und argwöhnte, er solle seiner Frau eine Botschaft von ihrem Geliebten über- bringen. Er bemerkte bald das Kästchen, das der Knappe an seinen Gürtel gehängt hatte, und fragte, was es enthielte. Der

Knappe weigerte sich, Auskunft zu geben, aber der Ehemann riss ihm das Kästchen vom Gürtel, öffnete es und erblickte das Herz und den Ring. Er erkannte, dass das Zeugnisse von Guys Liebestod waren, die er Gabrielle sandte.

Der Ritter schickte den Knappen fort und ritt heim. Seinem Koch befahl er, aus dem Herzen eine köstliche Mahlzeit zuzubereiten. Das geschah. Als die Speise mit edlen Gewürzen angerichtet war, ließ der Ehemann es seiner Gemahlin auftragen. „Herrin", sagte er mit süßer Stimme, „dies ist ein kostbares Gericht. Du sollst es ganz allein essen." Sie nahm es und verspeiste das Herz ihres Geliebten, ohne es zu bemerken. Es schmeckte ihr so vorzüglich, dass sie sagte, es sei die köstlichste Mahlzeit, die sie je gekostet habe. Dann wollte sie von ihrem Mann wissen, ob das Fleisch von einem wilden oder zahmen Tier gestammt habe. „Herrin", sagte dieser, „wild und zahm zugleich. Diesem Fleisch war alle Freude wild, aller Kummer aber vertraut. Du hast das Herz deines Geliebten gegessen, er ist aus Liebesqual gestorben und hat dies Herz und den Ring hergesandt."

Die Dame wurde totenbleich, ihr Herz erkaltete und Blut schoss ihr aus dem Mund. Unter vielen Qualen sagte sie: „Habe ich dessen Herz gegessen, der mich immer aus ganzer Seele geliebt hat, so will ich Euch sagen: Ich werde nach solch edler Speise keine Mahlzeit mehr genießen." Das Herz brach ihr.

So gab die Frau ihrem Leben ein Ende in unbeirrbarer Treue.

Der Erzähler schließt einen Epilog an: Früher war die Liebe zwischen Mann und Frau so stark, dass beide den Tod füreinander erlitten. Heute gelte die Liebe nicht mehr so viel. Aber in dieser Geschichte könne man erkennen, was aufrichtige Liebe ist. Kein Liebender solle den Mut verlieren – große Liebe sei immer möglich!

Konrad von Würzburg, ‚Das Herzmäre' (1260/70)

Amelia und Lasarus

Häusliches Glück

Eine Liebe ohne Qual ist keine rechte Liebe – so wollten es die Troubadours, so erzählen es viele Liebesgeschichten. Doch es gibt auch Paare, die die Höhen und Tiefen nicht erleben, sondern sich auf ebenen Pfaden finden, wie Amelia und Lasarus. Ein stadtbürgerliches Ambiente umgibt sie: Die Eltern gehören zur wohlhabenden, aber nicht zu reichen Schicht. Ehen werden auch hier geschlossen, um die gesellschaftliche Position zu sichern. So spricht nichts gegen eine Verbindung der beiden Kinder, nur hat Lasarus noch zu wenig Lebenserfahrung, und die muss er in der Fremde erwerben, wie das bei vielen Handwerken üblich war; seine Liebe zur heimatlichen Braut ist nie gefährdet. Jörg Wickram erzählt in seinem Roman eine wohltemperierte, gemütvolle Liebesgeschichte – fast ein Vorklang des Biedermeier.

In Lissabon lebten der Kaufmann Richart und Lasarus, der Goldschmied. Sie waren Nachbarn und enge Freunde und gingen gemeinsam auf Reisen. Lasarus hatte seine Ehefrau Lucia schwanger zurückgelassen. Cassandra, die Frau seines Freundes, kümmerte sich liebevoll um sie und in ihrem Haus brachte sie ihren Sohn zur Welt, der, wie sein Vater, Lasarus getauft wurde. Bald kamen die Geschäftspartner zurück, und auch Cassandra wurde schwanger. Sie gebar eine Tochter, Amelia. Der junge Lasarus wurde mit fünf Jahren zu einem Schulmeister geschickt und machte schnell gute Fortschritte, Amelia lernte bei einer Lehrerin lesen und schreiben, danach wurde sie zur Seidenstickerin ausgebildet und übertraf bald ihre Meisterin mit der Nadel.

Der Liebesgott entzündete sein Feuer in ihnen, so dass sie keine Ruhe hatten, wenn sie einander nicht täglich sahen. Den Eltern blieb das nicht verborgen, und sie sagten scherzhaft zueinander:

„Da ziehen wir zwei Kinder auf, was könnten wir Besseres tun, als sie ehelich miteinander zu verbinden." Das hörten die Jungen, und es gefiel ihnen wohl. Mit zwölf Jahren nahm Lasarus seinen Sohn aus der Schule und ließ ihn sein Handwerk lernen. Amelia kam oft herüber mit ihrem Stickrahmen und setzte sich in die Goldschmiedewerkstatt. Lasarus überlegte, was er seiner Liebsten zum Geschenk machen könnte. Da sie seine Arbeiten lobte, wollte er einen Ring für sie anfertigen. Er bat also seinen Vater um das Gold, sagte aber nicht, für wen das Schmuckstück sein sollte. Richart gab ihm einen kostbaren Rubin für den Ring. Die Arbeit gelang sehr gut. Eine Zeit lang trug der junge Lasarus den Ring selber, dann gab er ihn Amelia zum neuen Jahr. Sie schenkte ihm dafür Taschentücher und Schlafhauben, die sie selber gemacht hatte. Das waren die ersten – sehr bürgerlichen – Liebespfänder, die sie austauschten. Amelia liebte den Ring sehr und führte Gespräche mit ihm, als ob es Lasarus selber wäre. Eines Tages hörte ihr Vater, was sie sagte, und erschrak, dass die beiden Kinder schon so vertraut miteinander waren. Er suchte seinen Freund, den alten Lasarus, auf und besprach mit ihm, was zu tun wäre. Aus dem Scherz sei allzu schnell Ernst geworden. Gegen eine Verbindung hatten beide nichts, aber die Kinder, da waren sie sich einig, hatten noch nicht das rechte Alter. Ein Goldschmied, der nicht woanders gewesen war, wie es die Ordnung vorschrieb, könnte kein Meister werden. Daher beschlossen sie, den jungen Lasarus auf Wanderschaft zu schicken, damit er die kunstreichen Goldarbeiten in Spanien, Italien und Frankreich kennen lernte. Wenn er nach ein oder zwei Jahren zurückkäme, dann wäre gegen eine Heirat nichts einzuwenden. Allerdings, meinte Richart, müsse man vorher die Frauen fragen, wie sie die Lage einschätzten. Hätte nicht Trennungsschmerz schon Liebende in schwere Krankheit fallen lassen?

Lucia und Cassandra wurden zurate gezogen und diese schlugen vor, ein Gespräch mit ihren Kindern zu führen und ihnen die Gründe für die Trennung zu erklären, denn in der bürgerlichen Familie ist der Austausch zwischen Eltern und Kindern intensiver als in der adligen, wo man Familien- und Staatsräson erwartete.

Cassandra redete mit ihrer Tochter, Lasarus mit seinem Sohn und, obwohl die beiden Jungen sehr betrübt über die notwendige Trennung waren, wollten sie dem elterlichen Gebote gehorchen. Der Abschied kostete sie beide viele Tränen. Lasarus war so schwer im Herzen, dass er kein Wort mit Amelia zu sprechen vermochte, sondern sich in einem Brief von ihr verabschiedete, den er seiner Mutter gab. Amelia aber war unglücklich und zornig zugleich, dass ihr Geliebter wortlos gegangen war, und beruhigte sich erst, als Lucia ihr den Brief gab. Die beiden Mütter kümmerten sich viel um sie, um ihr die Trennung leichter zu machen.

Währenddessen segelte Richart mit Lasarus nach Antwerpen. Dort war der Kaufmann schon häufiger gewesen, und er ging mit dem Sohn seines Freundes in die beste Herberge. Beim Abendessen traf Lasarus auf einen Schulfreund aus Lissabon, Ferdinand, den sein Vater hergeschickt hatte, seine dortigen Handelsgeschäfte zu leiten. Dieser warnte den Neuankömmling vor zwei Landsleuten, Lorenz und Veit, die im Verdacht stünden, sich Gold und Silber unrechtmäßig angeeignet zu haben.

Richart brachte Lasarus zu einem Goldschmied. Der nahm ihn auf, und der junge Mann verdiente sich durch seine Arbeit bald hohe Wertschätzung.

Lorenz und Veit begannen nun, ihren Landsmann in der Werkstatt zu besuchen. Lasarus war gar nicht erfreut, da Ferdinand ihn gewarnt hatte, aber der Meister forderte ihn auf, seine Landsleute freundlich willkommen zu heißen. Sie machten sich

beliebt, indem sie Schleckereien mitbrachten, einmal ein Stück kandierten Ingwer, einmal ein Kännchen Malvasier. Eines Tages hatte der reiche Zöllner Simon verschiedene Ringe zur Reparatur gebracht, darunter einen mit einem besonders kostbaren Stein. Lorenz kam vorbei und entwendete das Kleinod, ohne dass es bemerkt wurde. Als Simon nach einigen Tagen seine Ringe abholen wollte, wurde der Verlust bemerkt. Da der Goldschmied wusste, dass Lasarus in Lissabon seine geliebte Amelia hatte zurücklassen müssen, verdächtigte er ihn, das Schmuckstück für sie beiseite geschafft zu haben und vertraute seinen Verdacht Ferdinand an. Der hielt seinen Freund für unfähig, eine solche Tat begangen zu haben, und überführte Lorenz, den er zu Recht für den Täter hielt. Die erste Prüfung hatte Lasarus mit Hilfe von Ferdinand bestanden. Freundschaft ist ein hohes Gut, sie hilft am besten bei der Bewältigung von Gefahren im Leben.

Eines Nachts träumte Lasarus von Amelia, sie weinte, weil er sie vergessen habe, und blickte ihn kläglich an. Ganz krank sei sie vor Sehnsucht nach ihm. Nunmehr muss Lasarus seine Liebe bewähren. Es hielt ihn nicht länger in der Fremde. Er ging zu seinem Meister und nahm Abschied, um nach Lissabon zurückzukehren. Doch zuvor wollte er in Venedig Station

Gegenüber von oben nach unten:
Lucia überreicht Amelia den Abschiedsbrief von Lasarus. Daraufhin entbrannte Amelias Liebe zu Lasarus erneut .
Richard empfiehlt Lasarus einem Goldschmied in Antwerpen, bei dem Lasarus bald hohe Wertschätzung erlangte.
Mordanschlag an Lasarus. Der Wirt, erzürnt weil Lasarus die Heirat mit dessen Tochter ausschlug, erschlägt aus Versehen seinen eigenen Sohn.
Aus: Georg Wickram, Sämtliche Werke, Band IV: Von guten und bösen Nachbaurn. Walter de Gruyter & Co, Berlin, 1969; ursprünglich erschienen in: Georg Wickram, Von guten und bösen Nachbaurn, Druck von Johann Knobloch d. J., Straßburg 1556.

machen, in einer Stadt, deren Ruf als Mittelpunkt der Künste und des Luxus ihn stark anzog. Auf der Fahrt glückte ihm die Bekanntschaft eines deutschen Kaufmanns. Dieser lud ihn ein, bei ihm zu wohnen, aber Lasarus lehnte aus Bescheidenheit ab und kam stattdessen bei einem einheimischen Wirt unter. Dieser hatte eine hübsche Tochter, die bald den jungen Portugiesen ins Auge fasste, da er ihr wohlhabend schien und ansehnlich obendrein. Sie überredete ihre Eltern, sie ihm zur Ehe anzutragen. Das versetzte Lasarus in große Verlegenheit, denn einerseits gefiel ihm die Venezianerin, andererseits hatte er sein Herz für immer an Amelia vergeben. So bedankte er sich bei dem Vater für die Ehre, lehnte jedoch den Antrag in aller Höflichkeit ab, da er in Lissabon eine Verlobte habe und ohne seine Eltern keinen Ehebund eingehen könne. Diese Absage erboste den Wirt, und er plante, den jungen Mann nachts zu töten und ins Meer zu werfen. Dann, so sagte er zu seiner Frau, sei die Familienschande gerächt und obendrein könnten sie sich der Habseligkeiten des jungen Mannes bemächtigen.

Nun hatte der Wirt eine deutsche Magd. Die hörte das Gespräch mit an und berichtete Lasarus davon. Er schlug ihre Warnung jedoch zunächst in den Wind, als er jedoch dem Kaufmann davon erzählte, forderte dieser ihn freundschaftlich auf, die nächste Nacht bei ihm zu wohnen, denn Venezianern sei nicht zu trauen. Lasarus nahm an.

Der Sohn des Wirts hatte die Schlafkammer mit dem jungen Portugiesen geteilt. Um ihn nicht Zeuge der Bluttat werden zu lassen, hatte der Vater ihn weggeschickt, er solle bei seinen Freunden übernachten. Um Mitternacht jedoch kam der Sohn schon heim, legte sich in sein Bett und schlief fest ein. Der Wirt schlich in das Zimmer. Als er Lasarus nicht in seinem Bett fand, glaubte er, dieser habe sich volltrunken in das Bett seines Soh-

nes gelegt. Er stach mit dem Schwert zu. Als sich der Getroffene nicht mehr regte, nahm er den Leichnam und warf ihn ins Meer. Am nächsten Tag kam Lasarus fröhlich mit dem Kaufmann, um seine Sachen zu holen. Wie erschrak der Wirt, als er ihn sah! Er zitterte am ganzen Leib, als seine Frau hinzutrat. Sie hatte den Sohn vermisst und erkannte, was geschehen war. „Du hast unseren einzigen Sohn ermordet!", rief sie. Der Wirt sprang auf wie von Sinnen, rannte zum Meer und stürzte sich hinein. Lasarus wollte nicht länger in Venedig verweilen, denn ihn plagte die Sorge um Amelia. Gleich brach er auf, fand ein Schiff und war binnen kurzem in Lissabon. Mit Freuden wurde er von seinen Eltern empfangen, mit noch größerer Freude von Amelia, die augenblicklich von ihrer Krankheit genas. Er erzählte, was er erlebt hatte, und alle dankten Gott, dass er ihn so gnädig beschützt hatte. Jetzt wurde die Hochzeit angesetzt, und Lasarus und Amelia durften einander das Eheversprechen geben. Wo sollte das junge Paar wohnen? Lasarus und Lucia wollten sie bei sich haben, ebenso Richart und Cassandra. Also gründete man einen gemeinsamen Hausstand. Der Zaun zwischen den beiden Häusern wurde niedergelegt. Gemeinsam wurde gewirtschaftet, gemeinsam gearbeitet und Richart erzielte für Amelias Stickereien und die Goldschmiedearbeiten von Vater und Sohn Lasarus die höchsten Preise. Die jungen Leute genossen ihr Glück im Schoß beider Familien. Von der Zeit der Trennung und den gefährlichen Erlebnissen sprachen sie noch oft, die Schmerzen aber vergaßen sie bald.
Die Welt draußen ist gefährlich, da müssen Freunde und Familie zusammenhalten. Die Liebe ist keine Gefährdung, sondern eine Stütze der Gesellschaft, sie kann das wirtschaftliche Glück befestigen.

Jörg Wickram, ‚Von guten und bösen Nachbarn' (1556)   **267**

Guigemar
und der Liebesknoten

Das „Lustband"

„Ihr dürft nur diejenige lieben, die den Knoten zu lösen vermag." Der Liebesknoten ist ein Bild für das Gesetz: Liebe ist für zwei. Nur die eine Frau, die ihn gebunden hat, kann ihn lösen, nur mit ihr kann der eine Mann glücklich werden. Da spielt es keine Rolle, dass sie mit einem anderen verheiratet ist.

Die Erzählung von Guigemar ist ein „Problemmärchen": Sie behandelt in märchenhafter Einkleidung ein Problem der mittelalterlichen Sozialordnung, die Schwierigkeit, der leidenschaftlichen Liebe einen Platz zu geben. Hier wird sie in eine Welt ausgelagert, die man nur in einem wunderbaren Schiff erreicht. Zwar ist es eine Ehebruchsliebe, aber der Ehemann ist durch sein Alter und seine ungerechte Eifersucht disqualifiziert. In der „realen" Welt würde die Konkurrenz zwischen den Männern um die Frau mit Waffen ausgetragen. Im Märchen findet das richtige Paar zueinander, weil es sich mit einem Zugehörigkeitsritual einander versichert: dem Liebesknoten und dem Gürtel. Die moderne Psychologie würde darin ein Symbol für das „Lustband" sehen: Die gemeinsam erlebte Lust bindet beide aneinander.

In der Bretagne, so erzählt die Autorin Marie de France, gab es einen Baron, der einen schönen und tapferen Sohn mit Namen Guigemar hatte. Seine Mutter liebte ihn sehr und sein Vater schätzte ihn hoch. Eines Morgens ging er auf die Jagd. Guigemar verfolgte einen großen Hirsch, da erblickte er im Dickicht eine weiße Hindin mit einem Kälbchen. Er spannte seinen Bogen und schoss nach der Hirschkuh. Er traf sie an der Stirn, sie stürzte nieder, der Pfeil aber prallte zurück und durchbohrte Guigemars Schenkel. Er fiel gleich neben die Hindin. Sie klagte: „Oh weh, ich muss sterben. Und du, Ritter, sollst niemals ein Heilmittel bekommen gegen deine Wunde, bis die dich heilt, die aus Liebe zu dir so große Qual ertragen wird wie nie eine Frau zuvor und die du so liebst, dass du für sie so viel tust wie nie ein Mann, so dass sich alle wundern, die lieben und je geliebt haben." Guigemar war sehr erschrocken, denn er wusste, dass er noch nie eine Frau gesehen hatte, die er lieben konnte und die ihn heilen würde.

Die weiße Hindin ist eine Botin aus der anderen Welt, Guigemar erhält die Wunde, die ihn in diese, das Land der Liebe, führen soll.

Er verband seine Wunde, stieg wieder auf sein Pferd und ritt durch den Wald bis zu einem Meeresarm. Dort war ein Hafen, und in diesem lag ein Schiff ganz aus Ebenholz mit Segeln aus Seide. Auf der ganzen Welt gab es kein schöneres Schiff. Er stieg ab und betrat es mit großem Zögern. Mitten auf dem Schiff sah er ein kostbares Bett aus Zypressenholz mit eingelegtem Elfenbein, neben ihm standen Kerzenleuchter aus reinem Gold. Guigemar wunderte sich und legte sich auf das Bett, weil seine Wunde schmerzte. Das Schiff legte ab und war bald auf hoher See. An eine Rückkehr war nicht zu denken, er betete zu Gott, ihn zu einem Hafen zu bringen. Und das trat ein. Er landete im Reich eines sehr alten Königs, der eine wunderschöne Frau hatte. Sie wurde streng bewacht. In einem Garten, der nur einen einzigen Eingang hatte, stand ein hoher Turm aus grünem Marmor. Darin war ein wunderbares Gemach, da lebte die Frau. Ihre einzige Gesellschaft war die Nichte des Königs, und dann gab es noch einen Priester, der den Schlüssel verwahrte. Er war ein Eunuch, sonst hätte man ihm nicht vertraut. An diesem Tag nun ging die Dame im Garten spazieren und blickte auf das angrenzende Meer. Da sah sie das Schiff am Ufer liegen, sie stieg mit ihrer Hofdame herab, und beide betraten es. Dort fanden sie den schlafenden Ritter. Sie hielten ihn zuerst für tot und beklagten, dass er so schön und so jung sterben musste. Die Dame legte ihm die Hand auf die Brust, da fühlte sie, dass er warm war und sein Herz schlug. In diesem Augenblick erwachte Guigemar, erblickte sie und begrüßte sie höflich. Sie fragte ihn, aus welchem Land er käme und ob er durch Krieg vertrieben worden sei. „Herrin!", entgegnete er, „das ist nicht so". Und er erzählte, wie er hierher gekommen war. Darauf sagte sie, dass ihr Mann König sei, aber von hohem Alter und großer Eifersucht. Er habe sie hier eingeschlossen. So könne sie nichts anderes tun, als ihn zu verstecken und zu versorgen, bis er im Stande sei weiterzureisen. Er wurde in ihr Gemach gebracht und hinter einen Vorhang gebettet.

Zum ersten Mal hatte Guigemar der Pfeil des Liebesgottes getroffen. Diese Wunde schmerzte ihn, nicht die am Schenkel. Auch der Dame ging es ähnlich. Wer seine Liebeskrankheit nicht offenbart, wird keine Heilung finden, sagte sich Guigemar und enthüllte ihr sein Begehren: „Herrin, die Liebe zu Euch tötet mich. Schönste, weist mich nicht zurück! Eine Dame von edlem Sinn sollte gegenüber einem Mann, den sie liebt, nicht zu stolz sein. Bevor es jemand sieht oder hört, können sie beide die Liebesfreuden genießen." Die Dame gewährte ihm ohne weiteren Aufschub ihre Liebe. Eineinhalb Jahre führten sie so ein herrliches Leben.

An einem Morgen lag die Dame neben dem Jüngling und sagte: „Teurer süßer Geliebter, mein Herz sagt mir, dass ich Euch verliere. Wir werden entdeckt werden. Wenn Ihr getötet werdet, will auch ich sterben. Wenn Ihr aber fliehen könnt, werdet Ihr eine andere Liebe finden und ich bleibe in Leid zurück. Übergebt mir Euer Hemd. Ich werde einen Knoten hinein machen. Ihr dürft nur diejenige lieben, die ihn zu lösen vermag." Sie band einen Knoten, den keine Frau aufzumachen vermöchte, es sei denn, sie nehme eine Schere oder ein Messer. Er versicherte sich

ihrer Treue, indem er ihren nackten Leib mit einem Gürtel um-
gürtete. Nur den darf sie lieben, der die Schnalle zu lösen weiß.
Am nächsten Tag trafen die Befürchtungen der Dame
ein, denn ihr Mann überraschte das Paar. Guigemar gelang es
zu entkommen, denn am Meer fand er wieder das Schiff aus
Ebenholz, und es brachte ihn dorthin zurück, wo er es bestiegen
hatte. Er ging sogleich von Bord und kehrte wieder in seine
Heimat zurück. Alle waren glücklich darüber. Er aber blieb
immer niedergeschlagen. Seine Freunde wollten, dass er heirate,
er aber wies sie zurück. Niemals würde er eine Frau nehmen,
wenn sie nicht den Knoten in seinem Hemd lösen könnte. Diese
Nachricht ging durch die ganze Bretagne, und viele Frauen und
Mädchen versuchten, den Knoten zu lösen. Keiner gelang es.
Währenddessen litt seine Geliebte Angst und Not. Zwei Jahre
war sie in dem Turm gefangen, und niemals hatte sie eine
Freude. Schließlich wollte sie sich im Meer ertränken. Als sie
an das Ufer kam, lag da das Schiff, und sie stieg hinein. Kaum
war sie an Bord, fuhr es schnell davon und gelangte in die
Bretagne. Es hielt unterhalb einer Burg, die gehörte Herrn
Meriaduc. Als er das Schiff erblickte, lief er mit seinen Leuten
hinab, sie fanden die Dame. Meriaduc war sehr erfreut, denn
sie war über die Maßen schön. Er führte sie in seine Burg und
nahm sie in Ehren auf. Sie wurde gut bedient, erhielt kostbare
Kleider und alles, was ihr gefallen mochte. Meriaduc bat sie
um ihre Liebe, aber sie berichtete von dem Gürtel. Nie würde
sie einem Mann gehören, wenn er ihn nicht zu lösen vermöchte,
ohne ihn zu zerreißen. Daraufhin versuchte er es, aber er
konnte sein Ziel nicht erreichen. Er forderte alle Ritter im Land
auf, den Gürtel loszumachen. Keinem gelang es. Da sagte
Meriaduc zu der Dame: „Mit dir ist es wie mit Guigemar. Der
hat einen Knoten im Hemd, und den vermag auch niemand
zu lösen."

Eines Tages richtete Meriaduc ein Turnier aus, auch Guigemar kam dorthin. Zu seiner Begrüßung ließ der Gastgeber die Dame kommen, die er über alles liebte. Als sie den Saal betrat, hörte sie den Namen Guigemar und konnte sich kaum mehr auf den Füßen halten. Hätte man sie nicht gestützt, wäre sie umgesunken. Guigemar erblickte sie. „ Ist das nicht", fragte er sich, „meine süße Geliebte, mein Trost, mein Herz, mein Leben? Wie kam sie hierher? Sie kann es nicht sein. Aber weil sie derjenigen gleicht, die mein Herz vor allen anderen begehrt, werde ich mit ihr sprechen." Er setzte sich neben sie, brachte aber kein Wort heraus. Meriaduc beobachtete beide und rief: „Mein Herr! Diese Frau könnte doch versuchen, Euer Hemd aufzuknoten!" Guigemar ließ das Hemd bringen. Sie fasste den Zipfel, und mit Leichtigkeit löste sie den Knoten. Immer noch konnte der Ritter nicht glauben, dass sie seine Geliebte war. „Schönste", fragte er, „seid Ihr es? Lasst mich den Gürtel sehen, den ich Euch umgelegt habe." Nun legte er seine Hände auf ihre Hüften und fand den Gürtel. Da erhob sich Guigemar und trat vor Meriaduc: „Hier habe ich meine Geliebte wiedergefunden. Gebt sie mir zurück. Ich will dafür Euer Lehnsmann werden und Euch dienen." Meriaduc antwortete: „Ich brauche Euren Dienst nicht. Ich habe die Dame gefunden, und ich werde sie behalten." Da befahl Guigemar seinen Leuten, sofort aufzusitzen, alle Ritter, die zum Turnier gekommen waren, schlossen sich an, jeder gelobte ihm Treue. Sie griffen Meriaducs Burg an und belagerten sie. So sehr wuchsen Guigemar Freunde und Kriegsleute zu, dass er Meriaduc aushungerte. Die Burg wurde eingenommen und ihr Herr getötet. Nun konnte Guigemar seine Geliebte mit sich fortführen auf sein Erbe. Voller Ungeduld eilten sie in das Schlafgemach. Dann löste Guigemar den Gürtel.

Marie de France, ‚Lais' (um 1160/70)

Under der linden...

I.

Under der linden an der heide,
dâ unser zweier bette was,
dâ mugent ir vinden schône beide
gebrochen bluomen unde gras.
Vor dem walde in einem tal
tandârâdei
schône sanc die nahtegal.

I.

Unter der Linde auf der Wiese,
wo unser beider Bett war,
da könnt ihr finden liebevoll
gebrochen: Blumen und Gras.
Vor dem Wald in einem Tal
Tandaradei
sang schön die Nachtigal.

II.

Ich kam gegangen zuo der ouwe,
dô was mîn friedel komen ê.
dâ wart ich enfangen: Hêre frouwe!
daz ich bin saelec iemer mê.
er kuste mich wol tûsent stunt
tandârâdei
seht wie rôt mir ist der munt.

II.

Ich kam gegangen zu der Aue,
mein Liebster war schon vor mir da.
Ich wurde empfangen: Hohe Herrin!
Darüber bin ich immer froh.
Er küsste mich wohl tausendmal.
Tandaradei
Seht, wie rot ist mein Mund!

III.

Dô hât er gemachet alsô rîche
von bluomen eine bettestat.
Des wirt noch gelachet inneclîche
kumt ieman an daz selbe pfat.
bî den rôsen er wol mac
tandârâdei
merken wâ mirz houbet lac.

III.

Dann hat er gemacht so prachtvoll
ein Lager aus Blumen.
Darüber lächelt verständnisinnig,
wenn einer dieses Weges kommt.
An den Rosen kann er gut
Tandaradei
sehen, wo mein Kopf gelegen hat.

IV.

Daz er bî mir laege, wessez iemen –

nû enwelle got – sô schamt ich
mich.

wes er mit mir pflaege, niemer
niemen

bevinde daz, wan er und ich

und ein kleinez vogellîn

tandârâdei

daz mac wol getriuwe sîn.

IV.

Dass er bei mir lag, wüsste es
jemand –

(verhüte es Gott), dann schämte
ich mich.

Was er und ich machten,

keiner erfahre es als er und ich –

und ein kleines Vögelchen

Tandaradei

das wird gewiss verschwiegen sein.

Walther von der Vogelweide hat das ‚Lied von der leichten Liebe' einer
jungen Frau in den Mund gelegt. Sie singt vom gemeinsamen Glück im
gesellschaftsfreien Raum, von der reinen Gegenwart, doch auch davon,
dass eine solche Liebe ein Geheimnis bleiben muss. Eine Utopie.

Bibliografie

Gottfried von Straßburg, Tristan. Nach dem Text von Friedrich Ranke neu hrsg., übersetzt und kommentiert von Rüdiger Krohn. 3 Bde., Stuttgart 1981 u. ö.

Dieter Kühn, Tristan und Isolde des Gottfried von Straßburg, Frankfurt a. M./Leipzig 1991 u. ö. – Übersetzungen von V. M.

Wisramiani oder Geschichte der Liebe von Wis und Ramin. Aus dem Georgischen von Ruth Neukomm und Kita Tschenkeli, Zürich 1957 u. ö.

Lancelot und Ginover. Lancelot und der Gral. Die Suche nach dem Gral. Der Tod des Königs Artus. Übersetzt, kommentiert und hrsg. von Hans-Hugo Steinhoff, Frankfurt a. M. 1995–2003

Camillus und Emilia, in: Das Buch der Liebe. Gedruckt bei Sigmund Feyerabend, Frankfurt 1587 [keine moderne Ausgabe]

Tristan und Isolde und Flore und Blanscheflur. Eine Erzählung von Konrad Fleck, hrsg. von Wolfgang Golther, Berlin/Stuttgart o. J., Bd. 2, S. 235–246

Nezami, Leila und Madschnun, übersetzt von Rudolf Gelpke, Zürich 2001

Elisabeth von Thüringen. Eine europäische Heilige. Katalog und Aufsatzband, Petersberg 2007

Petrus Abaelard, Die Leidensgeschichte und der Briefwechsel mit Heloisa, übertragen und hrsg. von Eberhard Brost, Darmstadt 2004. – Übersetzungen von V. M.

Régine Pernoud, Königin der Troubadoure. Eleonore von Aquitanien, München 1995

Philippe Delorme, Aliénor d'Aquitaine, Paris 2001. – Übersetzungen von V. M.

Das Nibelungenlied. Nach dem Text von Karl Bartsch und Helmut de Boor ins Neuhochdeutsche übersetzt von Siegfried Grosse, Stuttgart 2002. Übersetzungen von V. M.

Die Heldenlieder der Älteren Edda. Übersetzt, kommentiert und hrsg. von Arnulf Krause, Stuttgart 2007. – Übersetzungen von V. M.

Tannhäuser. Die Gedichte der Manessischen Handschrift. Mittelhochdeutsch/Neuhochdeutsch. Einleitung, Edition und Textkommentar von Grazia Cammarota, Übersetzungen von Jürgen Kühnel, Göppingen 2009

Der Dichter Tannhäuser. Leben, Gedichte, Sage, Halle a. S. 1934. Übersetzungen von V. M.

Thüring von Ringoltigen, Melusine. Hrsg. von Hans-Gert Roloff, Stuttgart 2000

Marie de France, Die Lais. Hrsg. und übersetzt von Dietmar Rieger, München 1980. – Übersetzungen von V. M.

Lohengrin. Edition und Untersuchungen von Thomas Cramer, München 1971. – Übersetzungen von V. M.

Hartmann von Aue, Erec. Mittelhochdeutsch/Neuhochdeutsch. Hrsg., übersetzt und kommentiert von Volker Mertens, Stuttgart 2008

Die schöne Magelona [von Veit Warbeck]. Hrsg. von Hans-Gert Roloff, Stuttgart 1969

Werner Schäfer, Agnes Bernauer und ihre Zeit, München 1987

Alfons Huter, Agnes Bernauer im Spiegel der Quellen, Chronisten, Historiker und Literaten vom 15. bis zum 20. Jahrhundert, Straubing 1999. Übersetzungen von V. M.

Hartmann von Aue, Gregorius, Armer Heinrich, Iwein. Hrsg., übersetzt und kommentiert von Volker Mertens, Frankfurt a. M. 2008

Heinrich von Veldeke, Eneasroman. Hrsg., übersetzt und kommentiert von Hans Fromm, Frankfurt a. M. 1992

Heinrich von Veldeke, Eneas. Mittelhochdeutsch/Neuhochdeutsch. Text nach der Ausgabe von Ludwig Ettmüller, übersetzt von Dieter Kartschoke, Stuttgart 2. Aufl. 1997

Wolfram von Eschenbach, Parzival. Mittelhochdeutscher Text nach der 6. Auflage von Karl Lachmann. Übersetzung von Peter Knecht, Berlin/New York 1998

Dieter Kühn, Der Parzival des Wolfram von Eschenbach, Frankfurt a. M. 1986. – Übersetzungen von V. M.

Georg [Jörg] Wickram, Der Goldtfaden. Hrsg. von Hans-Gert Roloff, Berlin 1968. – Übersetzungen von V. M.

Ulrich Müller/Wolfgang Pöckl/Margarete Springeth, D. Ines de Castro († 1355) und D. Pedro, König von Portugal, in: Festschrift Xenja von Ertzdorff zum 65. Geburtstag. Hrsg. von Trude Ehlert, Göppingen 1998, S. 257–289

Nick Riddle, Outremer. Jaufré Rudel and Mélisande of Tripoli – a Legend of the Crusades, Cambridge 1994

Die Trobadors. Leben und Lieder. Übersetzt von Franz Wellner, Bremen 1942

Huon de Bordeaux. Chanson du geste du XIIIe siècle [...]. Édition bilingue, établie, traduite, présentée par William W. Kibler/François Suard, Paris 2003. Übersetzungen von F. Wellner und V. M.

Ulrich von Liechtenstein, Frauendienst. Roman. Aus dem Mittelhochdeutschen ins Neuhochdeutsche übertragen von Franz Viktor Spechtler, Klagenfurt 2000

Dante Alighieri, Vita nuova, in: Werke. Italienisch/Deutsch von Erwin Laaths, Berlin u. a. 1960. – Übersetzungen von V. M.

Dieter Kühn, Ich Wolkenstein, Frankfurt a. M. 1996

Oswald von Wolkenstein. Die Lieder in Text und Melodien neu übertragen und kommentiert von Klaus J. Schönmetzler, Essen 1990. Übersetzungen von Dieter Kühn

Mai und Beaflor. Hrsg., übersetzt, kommentiert und mit einer Einleitung von Albrecht Classen, Frankfurt a. M. u. a. 2006

Konrad von Würzburg, Heinrich von Kempten. Der Welt Lohn. Das Herzmaere. Mittelhochdeutscher Text nach der Ausgabe von Edward Schröder, übersetzt, mit Anmerkungen und einem Nachwort versehen von Heinz Rölleke, Stuttgart 2000

Georg [Jörg] Wickram, Von guten und bösen Nachbarn, Berlin 2007

Bildnachweis

Eine Produktion von EMB-Service für Verleger, Adligenswil
© 2011 EMB-Service für Verleger, Adligenswil

Deutschsprachige Ausgabe:
© 2011 by Jan Thorbecke Verlag der Schwabenverlag AG, Ostfildern
www.thorbecke.de · info@thorbecke.de

Bibliografische Information der Deutschen Nationalbibliothek
Die Deutsche Nationalbibliothek verzeichnet diese Publikation in der
Deutschen Nationalbibliografie; detaillierte bibliografische Daten sind im
Internet über http://dnb.d-nb.de abrufbar.

Gestaltung: Franz Gisler, Adligenswil
Umschlaggestaltung: Finken & Bumiller, Stuttgart
Textverarbeitung: EMB-Service für Verleger, Adligenswil
Bildverarbeitung: Photolitho AG, Gossau-Zürich
Druck und Einband: Gorenjski Tisk, Kranj

Printed in Slovenia

ISBN 978-3-7995-0896-4